Campi del sapere / Feltrinelli

CINZIA SCIUTO

Non c'è fede che tenga

Manifesto laico contro il multiculturalismo

Feltrinelli

Prima edizione in "Campi del sapere" settembre 2018
Seconda edizione ottobre 2018

Stampa Nuovo Istituto Italiano d'Arti Grafiche - BG

ISBN 978-88-07-10540-1

FSC
www.fsc.org
MISTO
Carta
da fonti gestite in
maniera responsabile
FSC® C015216

a Dario e Sofia

"Il futuro dipende da noi stessi e noi non dipendiamo da alcuna necessità storica."

Karl Popper, *La società aperta e i suoi nemici*.

Introduzione

1. *Le premesse di questo lavoro*

La premessa di carattere generale da cui muove questo lavoro è che oggi in Europa viviamo in società sempre più disomogenee dal punto di vista etnico, religioso e culturale. Si tratta, ovviamente, di una situazione in larga parte determinata dai fenomeni migratori che caratterizzano la nostra epoca, ma che ha anche a che fare, più radicalmente, con la perdita di un orizzonte culturale di riferimento compatto all'interno di una stessa comunità politica.

In altri termini, le nostre società diventano sempre più disomogenee certamente grazie all'iniezione di contributi culturali che vengono da fuori, ma anche a causa delle spinte centrifughe interne che caratterizzano le società liquide.[1]

Si tratta di un dato di fatto rispetto al quale si possono avere tre atteggiamenti diversi: *1*) considerarlo un *disvalore in sé*, e dunque auspicare un ritorno a comunità il più omogenee possibile (ammesso che siano mai esistite comunità di una certa grandezza davvero omogenee), il che conduce per direttissima – e per coerenza – a politiche identitarie antidemocratiche e di estrema destra; *2*) considerarlo un *valore in sé* e confidare in una "mano invisibile" che con il tempo armonizzerà questo amalgama (un atteggiamento fideistico, al limite del superstizioso); *3*) considerarlo un fenomeno fortemente *ambivalente*, senza una intrinseca razionalità, privo di una finalità propria, di un valore in sé, un fenomeno sociale e umano che, in quanto tale, va analizzato, compreso e gestito sulla scorta di una visione politica forte.

Quest'ultimo è un atteggiamento critico, l'unico che, a nostro parere, si attaglia a una prospettiva democratica e progressista.

Alla premessa fattuale, dunque, se ne affianca una di valore, una precisa prospettiva etico-politica. Quel che tenteremo di argomentare nelle pagine che seguono è perché, posti quel dato di fatto e quella prospettiva etico-politica, l'atteggiamento più proficuo che uno Stato democratico e liberale possa assumere di fronte a questa profonda disomogeneità è quello di una radicale laicità.

Al contrario di quello che sostiene Habermas, secondo il quale "in società complesse la popolazione nel suo insieme non può essere tenuta insieme da un consenso sostantivo su valori ma solo da un consenso sulle procedure per una attuazione legittima delle leggi e per l'esercizio legittimo del potere",[2] è proprio in società complesse che a nostro parere è indispensabile individuare un nucleo, magari piccolo ma molto solido, di valori sostantivi di riferimento, un nucleo al cui centro – come cercheremo di argomentare – non possono che esserci i diritti umani fondamentali e la laicità.

È importante sottolineare la prospettiva etico-politica, dunque normativa, che anima questo lavoro. Troppo spesso, infatti, nel dibattito pubblico contemporaneo l'approccio normativo viene trascurato in favore di uno sguardo che si presume descrittivo, sociologico, che pretenderebbe di essere neutrale. Rinunciare all'approccio normativo significa, però, rinunciare alla politica e farsi semplicemente trascinare dagli eventi, come se la storia fosse già tutta scritta.

Per esemplificare questo rischio, leggiamo cosa scrive il politologo francese e grande esperto di islam

Olivier Roy a proposito dei matrimoni forzati, una realtà che, purtroppo, si sta diffondendo anche in Europa: "La stampa parla costantemente di matrimoni 'forzati', ma la maggior parte di questi matrimoni non sono 'forzati' ma sono 'combinati', nel senso che la ragazza accetta di entrare in questo gioco",[3] come se la mera mancanza di una costrizione fisica fosse sufficiente a eliminarne il carattere coercitivo. Osservare le dinamiche fattuali con cui questi matrimoni vengono realizzati – esercizio ovviamente indispensabile a conoscere il fenomeno – non può sostituire la valutazione etico-politica: un matrimonio è "forzato" non solo nei rari casi in cui ci sia coercizione fisica, ma in tutti quelli in cui la volontà di chi sta per contrarlo è ignorata, soffocata, sottomessa, oppressa, o anche solo fortemente plagiata. E, nel caso delle cosiddette "spose bambine", sono forzati sempre, per definizione, persino in presenza di un eventuale esplicito consenso che, data l'età della sposa – quindici, tredici, talvolta persino undici anni –, non si può affatto presumere davvero libero. Sono mille i motivi per cui una ragazza, per usare le parole di Roy, "accetta di entrare in questo gioco", il che non rende affatto il "gioco" meno "forzato".

Per evitare di chiamarli così, Roy giunge a sostenere che si tratta di "rapporti complessi", che "con una certa frequenza sfociano in drammi". Poiché le parole costituiscono la premessa per l'azione – solo se una cosa è nominata si può riconoscerla e agire di conseguenza –, parlare di "rapporti complessi" invece che di "matrimoni forzati" cambia radicalmente il nostro approccio a questo fenomeno: nel primo caso, ci asteniamo dal giudicare e dall'intervenire, si tratta in fondo di "rapporti complessi" in cui tenere conto di molte variabili e in cui, in fin dei conti, è meglio non mettere il dito; nel secondo caso, invece, scatta l'indignazione e ci adoperiamo per porre fine a una pratica che viola i più elementari diritti umani, nella stragrande maggioranza dei casi delle donne e delle bambine.

È poi forse utile chiarire preliminarmente che l'ambito di "applicazione" di tutto quanto diremo nelle pagine che seguono è l'Europa. Sebbene i princìpi che ispirano questo libro abbiano – come tutti i princìpi – un'aspirazione universale, è pensando all'attuale contesto europeo che lo abbiamo scritto. Dunque un ambito di riferimento al tempo stesso relativamente limitato ma molto preciso.

Infine, questo lavoro parte dalla convinzione che il pensiero politico di sinistra tenda a sottovalutare lo straordinario potere *strutturale* – ossia capace di modellare le dinamiche e le relazioni sociali – di quegli elementi che troppo spesso vengono invece liquidati come secondari, superficiali, "sovrastrutturali". Tutte le questioni di cui ci occupiamo in questo libro – religioni, culture, laicità, identità, diritti umani – sono state sovente trascurate a sinistra, affetta da un benaltrismo che l'ha portata alla convinzione che sono solo le dinamiche economiche, o almeno principalmente queste, a determinare i rapporti di forza e le relazioni sociali.

Il fatto che, in tempi di crisi economica come quelli che viviamo ormai da parecchi anni, gli elementi culturali e religiosi tornino in auge come sorgenti di senso e di identità dimostra, al contrario, che questi hanno una fortissima capacità di strutturare le relazioni sociali, capacità che travalica contesti economici e generazioni. Verrebbe anzi da dire che sono persino più strutturali delle dinamiche classicamente individuate come tali, e dubito che i problemi che essi pongono sparirebbero magicamente in un armonioso mondo dell'uguaglianza, esattamente quel che Engels pensava sarebbe accaduto in riferimento alla condizione di sottomissione della donna: "Il predominio dell'uomo nel matrimonio è una semplice conseguenza del suo predominio economico e cadrà da sé con la scomparsa di questo".[4]

Insomma, c'è sempre ben altro di più importante di cui occuparsi.

2. *La struttura del libro*

Il libro si svolge lungo cinque filoni argomentativi, a ciascuno dei quali corrisponde un capitolo. Innanzitutto, tenteremo di spiegare il senso con cui vengono usate le parole "laicità" e "religione".

Nel primo capitolo chiariremo che con il termine laicità intendiamo una prospettiva non metafisica ma trascendentale: la laicità è qui pensata come l'insieme delle condizioni che consentono alle diverse espressioni religiose (e, più in generale, alle diverse visioni del mondo) di esprimersi in una società pluralistica e che garantiscono i diritti individuali delle persone. Condizioni che, però, non sono affatto solo procedurali o formalistiche, come si sarebbe indotti a pensare, ma sostanziali (a partire, per esempio, dalle politiche educative) e che stabiliscono i princìpi cui non si può derogare in nome di nessun dio. La laicità, dunque, è qui intesa non come polo di una simmetria, ma come condizione prepolitica della convivenza civile in una società disomogenea.

Nel secondo capitolo spiegheremo che in questo testo quello di cui terremo conto non sono le religioni nel loro contenuto di "verità" ma nella loro "azione nel mondo". Osserveremo le religioni come fenomeni sociali e culturali e analizzeremo i modi in cui esse influenzano il resto della società e quelli, viceversa, in cui ne sono influenzate.

È completamente fuori dalle intenzioni di questo lavoro indagare quale sia "veramente" il messaggio di questa o quella religione, mentre guarderemo esclusivamente alla loro azione qui e ora, in particolare nel contesto europeo che, come abbiamo detto, rappresenta il nostro orizzonte di riferimento. In questo capitolo cercheremo anche di spiegare perché – fra i molteplici elementi culturali che contribuiscono alla disomogeneità delle nostre società (lingua, usi, costumi) – le religioni siano oggi, in virtù dello statuto privilegiato di cui godono, le maggiori foriere di conflitto e mostreremo come la deriva fondamentalista (che ha come suo campo di azione prediletto i diritti e le libertà delle donne) non sia prerogativa esclusiva di una qualche religione in particolare, ma sia insita in ogni fede.

Nel terzo capitolo ci occuperemo nello specifico di quella che è, a tutti gli effetti, una nuova religione europea: l'islam. Cercheremo di argomentare come non esista "l'islam" ma tanti islam, e che – esattamente come per qualunque altra religione – è necessario impegnarsi attivamente per non lasciare l'egemonia culturale ai fondamentalisti che, insieme a quelli cristiani che ben conosciamo, rappresentano oggi la principale sfida alla laicità in Europa.

Per fare questo, è necessario indagare questa nuova religione europea in tutte le sue forme, parlare liberamente di tutto ciò che la riguarda, non accettando nessun tabù e rifiutando categoricamente l'uso strumentale dell'accusa di islamofobia, spesso utilizzata come clava per impedire ogni discussione. Perché nel dibattito pubblico niente è sacro.

Il quarto capitolo è dedicato alla disamina del concetto di identità, che gioca un ruolo centrale in molte rivendicazioni politiche contemporanee. La prospettiva che cercheremo di difendere è quella di un'identità multipla la cui sintesi fa capo a ciascun individuo, portatore di una singola, irripetibile identità, costituita da molteplici appartenenze che si combinano tra loro in modo diverso non solo in ciascun individuo, ma anche nello stesso individuo a seconda sia della fase sia dei diversi ambiti della sua vita. Un concetto di identità dunque non statico, non monolitico, ma intrinsecamente contraddittorio, in continua trasformazione, che ha al suo centro l'irripetibile vita di ciascun singolo essere umano.

A partire da questo concetto critico di identità metteremo in discussione, nel quinto capitolo, il comunitarismo e il multiculturalismo, sostenendo che soggetto titolare di diritti è solo ed esclusivamente il singolo individuo (portatore delle sue molteplici appartenenze) e non i gruppi.

Si tratta di una prospettiva che non nega affatto le identità/appartenenze, ma che capovolge l'ordine di priorità: è l'individuo a essere portatore di identità e appartenenze, non la singola appartenenza a definire l'individuo. In questo capitolo proporremo una critica al multiculturalismo da una prospettiva universalista e cosmopolitica, e discuteremo anche alcune posizioni che, partendo da un approccio cosmopolitico, deviano verso tesi multiculturaliste, negando le loro stesse premesse.

"Siamo giunti a un punto dell'evoluzione delle comunità umane," scrive Seyla Benhabib, "in cui il modello unitario di cittadinanza che legava insieme la residenza in un territorio delimitato con la soggezione a un'amministrazione burocratica comune che rappresenta un popolo percepito come un'entità più o meno coesa è alla fine."[5]

Questa constatazione conduce molti a mettere in discussione lo Stato di diritto, e il suo principio fondamentale di una sola legge uguale per tutti, in favore di sistemi misti, "accomodazionisti" o apertamente pluralisti che già con i tribunali della *sharia* in Gran Bretagna hanno fatto il loro ingresso in Europa. Una prospettiva che si traduce, nei fatti, nell'accettazione della potenziale violazione di diritti umani fondamentali all'interno delle diverse comunità, e che noi fermamente respingiamo.

1. Laicità come precondizione della democrazia

"La civiltà moderna ha posto come proprio fondamento il principio della libertà, secondo il quale l'uomo non deve essere un mero strumento altrui, ma un autonomo centro di vita."

Ernesto Rossi, Altiero Spinelli, dal *Manifesto di Ventotene*.

1.1 *Laici e credenti: una falsa opposizione*

Attorno al termine laicità e suoi derivati si consuma una guerra terminologica che ne cela una ideologica. Usare una parola con un significato "slittato" rispetto a quello che le attribuisce l'interlocutore è un'operazione retorica tanto diffusa quanto intellettualmente disonesta. Ecco perché è fondamentale chiarire qual è il senso con cui si usa qui la parola laicità.

Uno degli espedienti più comuni per screditare il discorso sulla laicità è quello di contrapporre quest'ultima a religione/religiosità e usare il termine "laico" in opposizione a "credente". Questa operazione crea artificiosamente due fronti divisi dalla "fede", ponendo le basi per un'infinita serie di equivoci.

Chiariamo dunque in maniera netta che l'avversario del laico non è il credente ma il fondamentalista,[1] e che la linea divisoria tra i due fronti non è la fede ma la pretesa che la convivenza civile debba essere informata ai princìpi della (propria) fede e che ai dogmi della (propria) fede si debbano subordinare i diritti dei singoli. In altre parole, la cesura è fra chi pone la (propria) religione al di sopra di qualunque altro sistema normativo e pretende che valga *erga omnes* (o quanto meno *erga omnes* all'interno della propria "comunità"[2]: cosa che – come vedremo – non risolve alcun problema, anzi ne crea di nuovi) e chi, invece, nel consesso civile, subordina le norme religiose ai princìpi costituzionali e alle regole che una società democratica si dà. Il che può benissimo convivere con il fatto che il credente (laico) informi *soggettivamente* la propria vita ai precetti religiosi e che questi ultimi, nella scala delle sue proprie motivazioni personali, occupino i primi posti. In altri termini, per il fondamentalista (credente o no) la (propria) religione è (deve essere) *Grundnorm*[3] dell'ordinamento civile, per il laico (credente o no) la *Grundnorm* dell'ordinamento civile è un patto costituzionale che garantisce i diritti e le libertà di tutti e di ciascuno.

Come scrive Marcel Gauchet, il progetto laico "è frontalmente ostile alle pretese terrene della Chiesa, non alla religione in quanto tale. L'unica cosa che chiede ai fedeli è di riservare le loro individuali speranze di salvezza per l'aldilà, accettando di giocare, in questo mondo, il gioco cooperativo dell'autonomia".[4] Qui Gauchet si riferisce alla Chiesa cattolica, ma il discorso vale ovviamente per tutte le religioni.

Per nostra fortuna, il mondo dei credenti (di ogni religione) è pieno di laici, così come d'altro canto, ahimè, quello dei non credenti pullula di fondamentalisti, ossia di persone che, pur non essendo credenti, ritengono che la convivenza sociale e la vita civile debba essere regolata in base al sistema morale e normativo di un preciso orizzonte culturale e religioso. Sono tali, per esempio, tutti coloro che, nel corso del dibattito sulla Costituzione europea, sostenevano – a prescindere dalla propria fede – la necessità di inserire le "radici cristiane" nella Carta fondamentale dell'Unione.

I princìpi che si inseriscono in una Costituzione hanno un'enorme portata normativa. Dire che "l'Italia è una Repubblica fondata sul lavoro", come recita l'articolo che apre la nostra Costituzione, non significa che il nostro paese sia di fatto (ahimè) fondato sul lavoro, ma che quest'ultimo dovrebbe essere la stella polare (troppo spesso dimenticata) di qualunque politica. La cultura cristiana è certamente una delle tante radici dell'Europa, ma selezionare fra i tanti proprio quel contributo avrebbe un valore normativo, non descrittivo, vorrebbe dire proclamare che l'Europa *deve* ispirarsi ai princìpi cristiani.

Tornando alla laicità, essa non è affatto, dunque, nemica della fede. Anzi, in una società disomogenea dal punto di vista religioso, la laicità è la migliore alleata della fede, o meglio: delle fedi. Sono (anche) i credenti (tutti, non solo quelli delle religioni maggioritarie) ad avere molto da guadagnare da un contesto sociale nel quale la religione sia affare privato di ciascuno e lo Stato garantisca a tutti (e non solo alle confessioni più diffuse, più potenti, più organizzate e con più soldi) la libertà di praticare la propria fede ma anche di non praticarne nessuna, e più in generale garantisca a ciascuno – credente, altrimenti credente o non credente – i diritti fondamentali (compito che, come vedremo, non ridimensiona ma semmai amplia l'ambito di intervento dello Stato).

Che la religione venga assegnata alla sfera privata di ciascuno non significa affatto che essa non possa avere una dimensione collettiva. Significa invece principalmente due cose: *a*) che né una religione in particolare, né le religioni in generale possono informare lo spazio pubblico, ossia quello delle regole condivise, il che rappresenterebbe un'evidente discriminazione per i credenti di altre religioni e per i non credenti, e *b*) che a nessuna religione – come a nessun'altra opzione politica, filosofica, spirituale – possa essere concesso di violare i diritti fondamentali dei singoli membri della comunità politica, ossia dei singoli cittadini, a prescindere dalla propria fede, inclusi quelli appartenenti alla propria "comunità".

Compito dello Stato laico è tutelare, da un lato, lo spazio pubblico e, dall'altro, i diritti individuali. Questa concezione della laicità impone di mettere in atto una serie di politiche – a partire da quelle scolastiche e culturali – per raggiungere questi due obiettivi. Non si tratta dunque per lo Stato di assumere un atteggiamento di mera indifferenza nei confronti delle diverse confessioni religiose, né tanto meno di svolgere una funzione di "arbitro" fra di esse, ma di garantire tutte quelle precondizioni – e sono numerose – affinché ciascun cittadino possa determinare in autonomia la propria vita e il proprio orizzonte di valori.

La laicità è dunque qui intesa come una sorta di condizione trascendentale della democrazia, non come polo di una simmetria, ma come requisito prepolitico della convivenza civile in una società disomogenea, in cui regna il weberiano "politeismo dei valori", uno strumento per individuare "uno spazio costituzionale che consenta a tutti la convivenza e il confronto".[5]

Non vi è dubbio che, nell'accettare il principio di laicità, il credente deve riconoscere in un qualche senso la relatività della propria fede, deve kantianamente ammettere che la fede è un "tener per vero sufficiente solo soggettivamente" ma che, a differenza del sapere, non è cogente per tutti.[6] Questa ammissione è perfettamente compatibile con una salda fede: "Il termine fede [...] è un'espressione di modestia dal punto di vista oggettivo, ma al tempo stesso di salda fiducia, dal punto di vista soggettivo".[7] Assumere dunque un punto di vista laico non significa per il credente mettere in dubbio la propria fede, ma accettare l'idea che essa, non essendo un "tener per vero" valido oggettivamente, non può costituire il parametro della vita pubblica.

1.2. *Laicità e secolarizzazione, non solo in Occidente*

Altro equivoco da scongiurare è quello che vede la laicità come un valore tipicamente occidentale e la battaglia laica come una sorta di continuazione del colonialismo con altri mezzi. La questione del rapporto fra potere politico e religione, fra comunità religiosa e comunità politica (ossia la questione della laicità), al contrario, non è una prerogativa del mondo occidentale ma una sorta di *topos* universale nella storia dell'umanità. È stata una questione che, per esempio, ha interessato la società musulmana fin dalla morte di Maometto.

Come spiega Abdou Filali-Ansary nel suo *Islam e laicità*,[8] quello della separazione fra potere politico e sfera religiosa è stato un processo che si è avviato dopo la prima fase del califfato, quando l'Impero ottomano si ampliò e si rese necessaria una certa burocratizzazione della vita sociale, e ha rappresentato lo spartiacque principale per le successive divisioni interne al mondo musulmano, dove la separazione fra potere politico e sfera religiosa è stata innescata dalla necessità di tutelare quest'ultima dalle ingerenze del primo. Quello che Filali-Ansary chiama il "compromesso medievale"[9] permetteva, infatti, di sottrarre all'arbitrio del potere politico il nucleo di norme morali contenute nella religione ed era una forma di equilibrio che consentiva una certa autonomia della "società civile" nei confronti dell'autorità politica, la quale a sua volta veniva considerata legittima finché non violava quel nucleo di princìpi.[10]

Si tratta, ovviamente, di un percorso con le sue peculiarità che non possiamo qui approfondire. A prescindere comunque dalle specifiche forme che questo processo ha assunto nel mondo musulmano (e anche in questo con forti diversità a seconda dei contesti nazionali),[11] quel che conta qui sottolineare è che il complesso rapporto fra religione e potere politico è sempre stato al centro anche della storia musulmana e non è affatto una prerogativa occidentale né tanto meno cristiana.

Anche in Europa, peraltro, la secolarizzazione è avvenuta in tempi e modi diversi, con una particolare differenza, per esempio, fra gli Stati di tradizione cattolica e quelli protestanti. Persino nel paese che oggi consideriamo l'emblema della laicità per antonomasia, la Francia, il processo che ha portato alla separazione fra Stato e Chiesa non è stato né indolore né rapido: "C'è voluto un secolo," scrive Marcel Gauchet, "prima che il principio di questa divisione, insieme ai valori dell'individualismo democratico, riuscissero a raggiungere i credenti".[12]

È però necessario distinguere sul piano analitico la secolarizzazione, ossia il processo storico di separazione fra potere politico e potere religioso – un processo che, come abbiamo sommariamente visto, si realizza un po' ovunque in modalità diverse a seconda dei contesti socio-politici – e la laicità come principio politico. Per Olivier Roy, i parametri su cui misurare i due fenomeni sono la separazione fra Chiesa e Stato, che indica il tasso di secolarizzazione, da un lato, e il posto della religione nella società, che indica il tasso di laicità, dall'altro.[13]

Se si accetta questa distinzione, è perfettamente concepibile uno Stato secolarizzato ma non completamente laico. Si prenda per tutti l'esempio degli Stati Uniti d'America, un paese perfettamente secolarizzato ma scarsamente laico in cui la religione permea abbondantemente la vita pubblica, anche se le istituzioni religiose non detengono il potere. Ma gli esempi si possono moltiplicare e si può affermare che pressoché tutti i paesi europei siano secolarizzati, anche se pochi possono definirsi compiutamente laici.

Da questo punto di vista non sembra completamente condivisibile la tesi di Marcel Gauchet dell'"uscita del mondo dalla religione". L'autore di *Il disincanto del mondo*[14] propone una lettura della storia del rapporto fra Stato e Chiesa nei termini di uno scontro secolare fra il "partito dell'autonomia" e quello "dell'eteronomia" e ritiene che il primo, vale a dire la democrazia, abbia metafisicamente vinto, mentre il secondo, rappresentato dal tentativo delle religioni di strutturare la vita politica e sociale dell'intera comunità, abbia sostanzialmente fallito. La conseguenza di questo presunto trionfo della democrazia sarebbe però la perdita di senso del progetto democratico: una volta venuto meno il "nemico", lo Stato laico perde autorevolezza, non ha più una proposta "metafisica", una "dottrina comprensiva di senso" da opporre al partito dell'eteronomia. Gauchet descrive questa fase come l'"ultima svolta teologico-politica della modernità".[15] In tale prospettiva, il famigerato "ritorno delle religioni", da più parti evocato,[16] nulla avrebbe a che fare, per Gauchet, con la loro capacità di dare forma alla struttura politica, ma sarebbe la conseguenza dell'uscita del mondo dalla religione, condizione in cui le religioni si "privatizzano" e ritrovano una ragione d'essere come "fonti di senso e di dottrine comprensive".[17]

In altre parole, Gauchet ritiene che "la storia politica delle religioni" sia finita,[18] il che non significa, ovviamente, che esse non influenzino più in alcun modo la società, né che il religioso sia sparito o stia sparendo, ma che esso non ha più una funzione strutturante del politico e del sociale. Dire che la religione si "privatizza" non implica, per Gauchet, che essa diventi un affare completamente personale, relegato all'intimità delle mura domestiche: "Affermare che le convinzioni religiose sono irrevocabilmente passate dalla parte del privato significa semplicemente registrare il fatto fondamentale della perdita della loro posizione di legge pubblica. [...] Questa privatizzazione non comporta però un isolamento della fede in una intimità nella quale [le religioni] sarebbero costrette a restare. La sfera privata non corrisponde all'intimità".[19]

Non c'è dubbio che la tesi di Gauchet colga un punto essenziale: la secolarizzazione ha "costretto" le religioni a una ritirata dalla vita politica e a ritrovare un ruolo come "riserve di senso" nella vita personale dei fedeli. L'interpretazione proposta da Gauchet, però, si attaglia alla storia del rapporto fra Stato e Chiesa cattolica. Oggi ci troviamo di fronte a nuovi soggetti che incarnano quello che Gauchet chiama il "partito dell'eteronomia" – dai fondamentalisti protestanti negli Stati Uniti e cattolici in Polonia fino a quelli islamici sia nei paesi a maggioranza musulmana sia in

Europa – e che rappresentano una nuova sfida per lo Stato laico.

Una sfida che, se non viene colta, è persa in partenza. A meno di non condividere infatti una visione deterministica e finalistica della storia, bisogna ammettere, da un lato, che questo processo di "uscita dalla religione" è stato accettato, o meglio subìto, dalla Chiesa *obtorto collo* e grazie a una incessante lotta per la laicità e la secolarizzazione e, dall'altro, che la battaglia non è vinta una volta per tutte e che le religioni – oggi anche nelle loro versioni fondamentaliste – tentano continuamente di riguadagnare il terreno perduto. Non me la sentirei dunque di affermare con Gauchet che "le convinzioni religiose sono *irrevocabilmente* passate dalla parte del privato".[20]

Peraltro lo stesso autore ammette che i fondamentalismi mirano esattamente a ripristinare quell'ordine in cui era la religione a strutturare lo spazio pubblico, precisando tuttavia che "questo non significa che la loro azione produca nella realtà l'effetto voluto".[21] Ma, ammesso che i fondamentalismi non producano nella realtà l'effetto voluto (cosa comunque tutta da dimostrare), bisognerebbe innanzitutto chiedersi "perché?" e, in secondo luogo, "fino a quando?".

In altri termini, l'uscita del mondo dalla religione – se vogliamo continuare a usare le parole di Gauchet – non è un prodotto necessario del corso della storia ma il risultato di una dialettica tra forze opposte. Se la tesi dell'uscita dalla religione ha, dunque, certamente una grande capacità descrittiva ed esplicativa, rimane forse poco utile sul piano normativo e della prassi. Non c'è religione che, per sua natura, sia più o meno incline o, viceversa, ostile alla laicità: tutte sono "progetti di eteronomia" che, quando lo fanno, accettano solo *obtorto collo* il trionfo dell'autonomia.

La laicità è dunque un progetto di autonomia che si è imposto contro la volontà di tutti i progetti di eteronomia, quelli religiosi in testa. Considerarla invece come una conquista ormai scontata è un grave errore.

"Che lo Stato sia laico è ormai cosa acquisita in Francia come in Turchia": così scriveva Olivier Roy nel 2005,[22] e oggi la deriva della Turchia è sotto gli occhi di tutti. E lo stesso Gauchet, a proposito del ruolo della religione in Polonia, sosteneva che "la massiccia affermazione di un'identità cattolica da parte della popolazione (più del 90%) non è accompagnata *in alcun modo* da una ripresa reale della Chiesa nel far valere, per esempio, la propria morale sessuale"[23]: una posizione tristemente smentita dai violenti attacchi ai diritti delle donne, e in particolare a quello all'aborto, che la destra cattolica sta conducendo da qualche anno in quel paese (e di cui parleremo più avanti). Il motivo di questi clamorosi errori di valutazione è che le analisi di quel che è accaduto nel passato, anche quando molto acute ed esplicative, non tengono in considerazione la categoria dell'agire umano, dalle conseguenze imprevedibili. Un conto è, infatti, ricostruire le dinamiche sociali che hanno portato a una determinata situazione, un altro è supporre che le cose non potevano andare diversamente e che ormai la strada sia segnata.

E invece quel che accade è solo una delle infinite configurazioni possibili di quel che potrebbe accadere. Certamente, una volta che qualcosa è accaduto, è evidente che, in un qualche senso, non poteva non accadere, ma proiettare l'analisi del passato sull'azione nel presente non è di grande aiuto, perché nel qui e ora non sappiamo quale sarà l'elemento che innescherà il cambiamento in una direzione o nell'altra: è stata sufficiente una leggerissima (e imprevedibile) fluttuazione nel vuoto a innescare il Big Bang.[24] E ciascuno di noi non può sapere se la propria azione può forse rappresentare quella minuscola fluttuazione che cambia il corso delle cose. Ma è proprio questa intrinseca imponderabilità della storia che impone di prendere posizione e agire.

Infine, non è affatto vero – e questo è un altro mito da sfatare – che lo Stato laico non abbia più un "contenuto" etico-politico, se vogliamo di nuovo usare le parole di Gauchet una proposta "metafisica", una "dottrina comprensiva di senso", ricca peraltro di rilevanti conseguenze pratiche. La tutela dell'autonomia e dei diritti di tutti e di ciascuno rappresenta un orizzonte carico di conseguenze, e anche di senso: "Non è vero," scrive Henri Pena-Ruiz in polemica proprio con Gauchet, "che la laicità sia sinonimo di un mondo disincantato, privo di rapporti etici e di riferimenti. L'ideale laico unisce gli uomini attraverso ciò che li eleva pur liberandoli: divenire padroni dei propri pensieri per esserlo anche, per quanto possibile, delle proprie azioni".[25]

Il mondo disincantato, che scopre che non esiste nulla al di là dell'orizzonte finito in cui ci troviamo a vivere, è anche quello che riconduce il senso all'umanità dell'essere umano. Sgombrato finalmente il campo (pubblico) dall'ingombrante presenza di Dio, è l'essere umano il Signore del mondo, ciascun essere umano nella sua universalità. Ed è in questa prospettiva che lo Stato laico recupera un ruolo fondamentale nella promozione di questo nuovo orizzonte etico-politico, allo stesso tempo finito e universale.

Al contrario di quel che sostiene Gauchet – secondo il quale "la laicità non può più sfoggiare i temi dell'emancipazione umana che per così tanto tempo ne hanno garantito il fascino. Non può più presentarsi, in sostanza, come un fine in sé" –,[26] è proprio in un contesto in cui viene meno il confronto con il potere temporale della Chiesa e che si popola di soggetti religiosi diversi che lo Stato laico può finalmente esercitare la propria egemonia etico-politica, perché non è più polo di una simmetria – come è stato nella storia della secolarizzazione, almeno nei paesi di tradizione cattolica – ma può (e deve) costituirsi come garante della libertà di coscienza e, più in generale, dei diritti umani fondamentali di ciascun singolo cittadino. Il suo ruolo cambia, dunque, ma non scompare. Anzi, il suo compito diventa sempre più gravoso, perché – come vedremo – garantire ogni singolo cittadino nella sua piena autonomia e libertà implica una serie di obblighi e impegni tutt'altro che formali.

1.3 *Confessionalismo o laicità:* tertium non datur

Più una società diventa disomogenea, maggiore è la necessità – se si vuole tenere ferma la barra dei diritti delle persone – di una laicità rigorosa nei confronti di qualunque credenza, fede, opzione spirituale. Finché una società è sufficientemente omogenea, infatti, la commistione tra sfera pubblica e religione è sostenibile e non crea particolari tensioni sociali. A mano a mano però che una società diventa più disomogenea, a mano a mano che le religioni "minoritarie" prendono piede e divengono delle minoranze consistenti, iniziano – ovviamente e comprensibilmente – a rivendicare parità di trattamento con la confessione che fino a quel momento è stata maggioritaria in un dato contesto sociale.

Il modello di laicità sviluppatosi nel confronto-scontro con la Chiesa cattolica in Italia ha preso la forma del regime concordatario, che però non è più adatto ad affrontare una situazione in cui i soggetti religiosi, spesso con una struttura profondamente diversa da quella della Chiesa cattolica, si moltiplicano. Il sistema delle intese – estensione del principio concordatario alle altre confessioni religiose – è una toppa che non riesce più a coprire il buco della frammentazione religiosa delle società. Ne è un esempio il lunghissimo iter che sta percorrendo l'Uaar, l'Unione degli atei e degli agnostici razionalisti, che già nel 1996 ha presentato la richiesta di intesa con lo Stato italiano in nome del principio di non discriminazione fra cittadini. Dopo che la richiesta è stata respinta e che la Corte costituzionale ha confermato la legittimità di questa decisione, l'Uaar ha presentato ricorso alla Corte europea per i diritti umani.

Insomma, perso il carattere omogeneo sotto il profilo religioso, le società che vogliono mantenere un assetto democratico e liberale non hanno altra scelta che una laicità rigorosa. Prendiamo il caso dell'insegnamento della religione nelle scuole pubbliche. È fin troppo chiaro che, finché una società è sufficientemente omogenea dal punto di vista religioso, l'insegnamento confessionale[27] della religione maggioritaria (sebbene incompatibile con il ruolo della scuola pubblica e dunque da rifiutare comunque per principio)[28] non crei particolari tensioni. A mano a mano però che una società diventa sempre più disomogenea e che le religioni "minoritarie" si diffondono divenendo delle minoranze consistenti, è del tutto ragionevole che pretendano anch'esse di avere un posto nelle scuole pubbliche.

Ora, è evidente che, finché sarà previsto l'insegnamento confessionale di una qualunque religione nella scuola pubblica, non ci saranno argomenti sufficientemente solidi per rifiutare l'introduzione dell'insegnamento di altre religioni. E anzi un simile rifiuto rappresenterebbe (e rappresenta nella quotidiana realtà di oggi) una palese e insostenibile violazione del principio di uguaglianza.[29]

Una situazione del genere è irrisolvibile rimanendo all'interno del paradigma attuale perché, a meno di non voler adottare il peso e la forza di una comunità come parametro decisivo per stabilire quale religione meriti di essere inclusa nelle scuole pubbliche e quale no (cosa evidentemente non degna di una società democratica e liberale, anche se nei fatti è quel che accade), ci troveremo inevitabilmente a dover accettare l'insegnamento delle religioni più disparate, perché il diritto di ciascun singolo studente – cattolico, musulmano, induista, pastafariano[30] o persino satanista[31] che sia – vale (deve valere) quanto quello di tutti gli altri.

Insomma, delle due l'una: o si è un paese confessionale con tutto il "diritto" di imporre la religione di Stato[32] nelle scuole pubbliche, o si è un paese laico che, in virtù del rispetto che deve non alle confessioni religiose in sé ma a ciascuno dei suoi cittadini, tiene le religioni fuori dalla scuola pubblica. *Tertium non datur*.

1.4 *Laicità come autodeterminazione*

Considerata in questo senso, la laicità è un atteggiamento mentale che rifiuta ogni principio di autorità, non solo quello religioso. Essere laici significa non invocare nessuna tradizione – che sia religiosa o meno per il laico è del tutto irrilevante – per giustificare una limitazione, se non addirittura una violazione, dell'autonomia e della libertà di ciascun singolo essere umano. Per il laico al centro c'è ciascuna persona, individualmente portatrice dell'umanità, che mai può essere usata "semplicemente come mezzo" ma "sempre insieme come fine",[33] nel rispetto della sua piena autonomia.

La laicità è dunque il proseguimento del progetto illuminista annunciato da Kant nella sua *Risposta alla domanda: che cos'è l'Illuminismo?*: "*Illuminismo è l'uscita dell'uomo dallo stato di minorità di cui egli stesso è colpevole. Minorità* è l'incapacità di servirsi del proprio intelletto senza la guida di un altro. *Colpevole* è questa minorità, quando la sua causa non stia nella mancanza di intelletto, bensì nella mancanza di decisione e di coraggio nel servirsi del proprio intelletto senza la guida di un altro. *Sapere aude!* Abbi il coraggio di usare il tuo *proprio* intelletto! Questa è dunque la parola d'ordine dell'Illuminismo".[34]

Il laico (credente o meno) non riconosce il principio di autorità nella vita su questa terra ma, sulle orme di Kant, tende continuamente a uscire dallo stato di minorità in cui si trova e a camminare sulle proprie gambe. Un progetto illuminista che ha fatto molti passi avanti dai tempi del padre della filosofia critica e che ancora nel 1944 era al centro delle grandi speranze degli autori del *Manifesto di Ventotene*, in cui leggiamo: "Contro il dogmatismo autoritario si è affermato il valore permanente dello spirito critico. Tutto quello che veniva asserito doveva dare ragione di sé o scomparire. Alla metodicità di questo spregiudicato atteggiamento sono dovute le maggiori conquiste della nostra società in ogni campo".[35] Rifiutare il principio di autorità (religiosa o di qualunque altra natura) è una delle condizioni dell'uguaglianza: non importa quale sia il fondamento o la giustificazione di una qualunque opinione, tradizione, rito; quel che conta per il laico è la sua compatibilità con la democrazia, con la libertà di ogni singolo essere umano, con i diritti fondamentali. Nessuna opinione – neppure le credenze religiose – deve potersi sottrarre a questo vaglio critico.

In questo senso le responsabilità dello Stato sono enormi, e non è certo sufficiente un atteggiamento di pura indifferenza nei confronti delle diverse fedi. Scriveva il filosofo Charles-Bernard Renouvier nell'Ottocento: "La superiorità dello Stato è necessaria [poiché] la sua rispetto a quella della Chiesa o di una comunità è una responsabilità a titolo universale. [...] Benché non abbia competenza nel giudicare queste dottrine dal punto di vista della verità – scientifica o religiosa – le giudica dal punto di vista della morale",[36] e del rispetto dei diritti fondamentali di libertà, aggiungiamo noi.

In questo progetto di laicità c'è dunque un forte contenuto etico, normativo. Un contenuto "minimo" ma sostanziale, che traccia la cornice al cui interno i soggetti della società civile – e tra loro le religioni – possono liberamente muoversi. Che nel fare questo si possa urtare la sensibilità di qualcuno e che alcune pratiche previste da questa o quella fede rimangano tagliate fuori è del tutto plausibile, ma non è ragione sufficiente per rinunciarvi: la cornice va tracciata senza esitazioni, spetta ai diversi soggetti adattarvisi, non viceversa.

Lo Stato laico assume dunque il ruolo di garante

dell'autonomia dei singoli cittadini. Attenzione: non di arbitro tra le fedi, tra le "comunità". Soggetto dei diritti è – come vedremo più approfonditamente nel quinto capitolo – il singolo individuo, che nell'esercizio dei suoi diritti si relaziona con lo Stato senza intermediari. Il che, come già detto, non si traduce affatto in una scomparsa della dimensione collettiva della religione. Significa esclusivamente che questa dimensione collettiva rimane nei confini dell'esercizio privato della fede da parte dei credenti e non assume rilevanza pubblica: non pretende, cioè, riconoscimento e diritti in quanto tale né tanto meno di strutturare lo spazio pubblico.

Lo Stato laico ha quindi il compito di fornire ai suoi singoli cittadini gli strumenti culturali, economici e sociali per aiutarli a uscire dal loro "stato di minorità", e questo è possibile solo in un contesto di radicale laicità, a partire dalla scuola. La cornice della laicità è l'unica che consenta infatti ai singoli di emanciparsi dalla propria stessa tradizione, dalla propria stessa comunità di appartenenza, fino alla più piccola di esse che è la famiglia.

Per tutte queste ragioni, per tutti questi contenuti sostanziali e normativi, la laicità non è mera separazione di Chiesa e Stato né tanto meno sacralizzazione dello Stato: la storia ha conosciuto esempi di Stati autoritari in cui vigeva la separazione fra Stato e Chiesa ma che non possono certo definirsi laici nel senso che stiamo tratteggiando. La laicità per come la intendiamo qui è un altro nome dell'uguaglianza, e per questo motivo non è compatibile con uno Stato autoritario. È un principio squisitamente democratico. Si tratta, ancora con Kant, di una condizione di possibilità di una comunità politica fondata sui princìpi di uguaglianza e libertà, ossia sull'universalità della legge.[37]

Questa caratteristica la distingue dalla mera tolleranza, che non presuppone affatto un regime di uguaglianza fra i cittadini, ed evidenzia come i modelli di laicità finora sperimentati – incluso quello francese – non siano sufficienti per soddisfare queste esigenze.

Come abbiamo visto poco sopra, infatti, la laicità ha finora preso la forma della mera separazione fra potere politico e potere religioso, in cui a regnare era il principio di "dare a Cesare quel che è di Cesare e a Dio quel che è di Dio". Finora infatti il problema è stato squisitamente di potere (lo Stato contro una Chiesa con pretese temporali) per risolvere il quale è stata sufficiente una separazione di "ambiti". Il punto che poniamo qui è invece etico-politico: a "Cesare" non basta più che "Dio" rimanga nel suo ambito, ma deve preoccuparsi anche che "Dio" non violi i princìpi fondamentali dello Stato democratico.

Fuor di metafora, non è più sufficiente che Stato e Chiesa siano separati, è giunto il momento in cui lo Stato laico si assuma la responsabilità di entrare nel merito di quel che accade dentro le comunità religiose per farsi garante dei diritti dei singoli cittadini.

2. La religione come fenomeno sociale e culturale

> "Possiamo diventare gli artefici del nostro destino solo quando abbiamo cessato di posare a suoi profeti."
>
> Karl Popper, *La società aperta e i suoi nemici*.

2.1 *Contro l'essenzialismo*

A ogni attentato di matrice islamica si ripete una commedia dal copione già scritto, con i beceri razzisti di casa nostra che accusano l'islam di essere una religione intrinsecamente violenta e i difensori d'ufficio, musulmani e non, che sottolineano stancamente che "la violenza non ha a che fare con l'islam". Ci si permetterà di rimanere totalmente fuori da questo sterile dibattito: cosa dica *veramente* l'islam, quale sia *l'essenza* dell'islam, è questione forse di un qualche interesse per i teologi, per gli storici della religione e, certamente, per i singoli fedeli, ma dal punto di vista laico è totalmente irrilevante.

Sarebbe come se, di fronte all'inquietante fenomeno della pedofilia nel clero cattolico,[1] si reagisse da una parte urlando "bastardi cattolici"[2] e, dall'altra, rivendicando che l'insegnamento di Cristo nulla ha a che fare con le violenze sessuali sui bambini. L'una e l'altra posizione portano al medesimo risultato: l'immobilismo.

Da un punto di vista laico, quel che interessa osservare è se e come le gerarchie cattoliche rispondono a questo fenomeno, quali provvedimenti prendono, se e quanto collaborano con la giustizia civile. Interessa (e molto) anche osservare come vengono formati i sacerdoti nei seminari per capire se c'è un qualche punto del loro percorso che potrebbe costituire una base per il successivo emergere del fenomeno.[3] Dunque, dal punto di vista laico, interessa eccome sapere quel che accade *dentro* la Chiesa, non però per appurarne la maggiore o minore adesione ai "fondamenti", al "vero significato", all'essenza del messaggio di Cristo, ma, più prosaicamente, per accertarne la compatibilità con i princìpi fondamentali della convivenza civile.

Le religioni, tutte, hanno abbondantemente dimostrato nella storia di essere capaci di servire l'amore, la pace, il rispetto del prossimo tanto quanto l'odio, la violenza, il razzismo.[4] Per questo la via maestra non può essere quella di cercare un'interpretazione dei testi sacri il più democratica, liberale, solidale, aperta e pacifica possibile. Questi tentativi sono del tutto insufficienti per un motivo molto semplice: si tratta, appunto, di interpretazioni, altrettanto legittime di quelle fondamentaliste. Anzi, a dirla tutta, molto spesso quelle fondamentaliste, essendo di norma più legate alla "lettera" dei testi sacri, appaiono persino le più plausibili.

Come osserva Sam Harris, "i moderati di tutte le fedi sono impegnati a reinterpretare, o ignorare completamente, le parti più pericolose e assurde delle loro scritture di riferimento: è precisamente questo impegno che li rende moderati. Ma è anche un impegno che richiede un certo livello di disonestà intellettuale, perché questi credenti non sono nella posizione di ammettere che la loro moderazione ha origine al di fuori della fede. Le porte che permettono di uscire dalla prigione del letteralismo scritturale non si aprono dall'interno. [...] Le interpretazioni fondamentaliste sono, quasi per definizione, più complete e coerenti, e quindi più oneste".[5] Questo discorso ovviamente può essere fatto per qualunque testo sacro, a partire dalla Bibbia. Sull'uso del termine "moderato" poi, l'ex islamista e oggi attivista contro la radicalizzazione fondamentalista Maajid Nawaz in dialogo proprio con Harris osserva: "Con l'avvento dello Stato Islamico, persino al-Qaeda sembra un movimento 'moderato'. Il termine è talmente relativo, in un contesto di atrocità sempre peggiori, che ormai ha perso di significato. Non dice nulla sui valori di una persona".[6]

I diversi tentativi di interpretazione liberale, moderna, aperta dei testi sacri di qualunque religione sono peraltro discutibili anche in linea di principio. Se da un lato, infatti, l'impegno di teologi e credenti per conciliare la loro fede con i princìpi della convivenza democratica è importante perché moltiplica le interpretazioni dei testi, diffondendo letture alternative e, con ciò stesso, creando pluralismo, dall'altro lato significa comunque tentare di fondare i diritti su un'autorità esterna. Ma perché abbiamo bisogno di sapere se i diritti fondamentali sono compatibili con la Bibbia o il Corano per poterli difendere? E se scoprissimo che non lo sono? Cercare il fondamento dei diritti nelle religioni significa tornare all'idea che si tratti di concessioni – del sovrano, di un qualche dio o dei suoi profeti, poco importa. È invece indispensabile affermare che i diritti sono autofondanti e vanno difesi non in quanto dettati da questa o quella fede, ma in sé. Se poi i credenti troveranno nelle loro rispettive fedi *ulteriori* motivi per rispettarli, ben venga. Ma se – e questo è il punto – una certa interpretazione di una fede riscontra contraddizioni con i diritti fondamentali di tutti gli esseri umani, è quell'interpretazione che va messa in discussione, non certo i diritti.

I tentativi di individuare il "vero" contenuto teologico di una fede si inscrivono in una visione essenzialista dei fenomeni sociali in generale e di quelli religiosi in particolare, secondo la quale esiste appunto una pura essenza del messaggio di una certa religione che è andato perduto nel corso della storia e che va riscoperto.

Come Karl Popper ha magistralmente mostrato,[7] l'essenzialismo è intimamente connesso a una visione finalistica e deterministica della storia, che in ultima analisi non fa altro che sollevare dalla fatica e dalla responsabilità di costruire il proprio destino.

Quello che qui interessa, invece, in opposizione a qualunque visione essenzialista, sono le religioni per come sono qui e ora, la loro azione nel mondo. E ad agire sono sempre le persone, in carne e ossa, portatrici della responsabilità delle proprie scelte e delle proprie azioni: "Non è l'essenza della dottrina che bisogna prendere in considerazione, ma i comportamenti, nel corso della Storia, di coloro che la invocano".[8]

2.2 *Le religioni nell'aldiqua*

Quello che qui ci interessa non è dunque l'aspetto religioso delle varie confessioni, ma il loro ruolo pubblico, i loro effetti sociali e politici, l'uso che ne fanno gli uomini e le donne che se ne dichiarano fedeli, coloro che se ne proclamano i portavoce in terra. Non dunque il dogma ma il comportamento, non il contenuto di fede ma le pratiche.

È chiaro che fra il dogma e il comportamento, fra il contenuto di fede e la pratica di vita un qualche nesso ci sia, ma si tratta di un nesso niente affatto automatico e scontato, che può intraprendere percorsi anche molto tortuosi e giungere a effetti pratici diversi da quelli attesi: "Uno spirito non è rinchiuso nella formazione religiosa che lo fa nascere".[9]

Per riprendere un esempio fatto da Roy,[10] il "non desiderare la donna d'altri" non ha certo eliminato l'adulterio dalla storia delle società cristiane, come ci si sarebbe potuti aspettare se il rapporto fra dogma e vita fosse così semplicistico e immediato. Non che quel comandamento non abbia, ovviamente, avuto effetti – primo fra tutti l'ipocrisia della doppia morale –, ma si tratta di esiti non automaticamente deducibili a partire esclusivamente dal contenuto normativo del comandamento.

In altre parole, i testi sacri e il corpus di dogmi di

ciascuna religione non sono un mero catalogo di comportamenti a cui attingere, ma interagiscono con il mondo e con la società in cui si trovano a operare. Basti pensare a come il cristianesimo si sia diffuso in molte società africane, adattandosi in qualche modo alle credenze preesistenti.

Un discorso analogo vale per l'islam, che infatti ha assunto le forme più disparate a seconda dei contesti in cui si è diffuso.[11] La sociologia delle religioni si è lungamente occupata del rapporto dialettico fra religione e società e non ci addentreremo oltre. Qui è sufficiente cogliere l'aspetto metodologico a cui queste osservazioni ci portano: non esiste l'*homo islamicus*, come non esiste l'*homo christianus*, esistono gli esseri umani in carne e ossa, nei loro contesti ma anche con le loro scelte di cui, laicamente, si assumono la responsabilità.

Nella prospettiva che qui stiamo delineando, l'approccio sociologico è insufficiente perché fra il dogma e la prassi si colloca la scelta libera, l'azione imputabile a ciascun singolo agente. Così come infatti rifiutiamo l'essenzialismo per il quale esisterebbe una "vera" religione, rifiutiamo anche qualunque determinismo per il quale il comportamento degli esseri umani sia sostanzialmente definito dalle circostanze in cui essi si trovano a nascere e a vivere. "È la mia religione, è la mia cultura, è la mia tradizione che me lo impone" non è argomento accettabile nel dibattito pubblico di una società democratica, nella quale a tutti è richiesto il rispetto delle "regole del gioco": "Ciascuno è libero di sognare la rivoluzione, l'abolizione del capitalismo, la discesa del Mahdi o del Cristo in terra. Ciò che conta è il rispetto del contratto, che ci si senta proprietari o semplici affittuari".[12] E dunque il piano su cui collocare il dialogo con le religioni non è quello del dogma ma quello delle "regole del gioco" democratico.

Il punto però è: chi stabilisce queste regole? E, soprattutto, che cosa si fa quando queste confliggono con il dogma o anche solo con alcune interpretazioni del dogma? Le "regole del gioco", infatti, non sono date una volta e per sempre, non sono scritte nella pietra, non sono "naturali" né mere cornici formali prive di contenuto. Si tratta di valori, di princìpi, che si possono accogliere o rifiutare, che possono essere più o meno compatibili con la mia visione del mondo e con la mia fede e – questo è quello che sosteniamo in questo libro – lo Stato, se vuole rimanere democratico e liberale, deve rivendicare questi princìpi, sulla base dei quali tracciare il confine fra ciò che è accettabile e ciò che non lo è.

Entrando nel merito, se concordiamo che una delle regole del gioco imprescindibili che ci siamo dati è, per esempio, l'assoluta parità dei sessi e il totale divieto di segregazione di genere, possiamo tollerare piscine o lezioni di biologia, se non addirittura scuole intere, separate? E non stiamo parlando di realtà ormai non più esistenti né di questioni che riguardano solo il mondo musulmano: le cattolicissime scuole Gavia (femminile) e Braida (maschile) a Verona sono istituti privati paritari, dunque riconosciuti dallo Stato italiano, divisi per genere e che si ispirano all'Opus Dei.

Se un'altra "regola del gioco" è la libertà di religione – che ovviamente implica anche quella di non professarne alcuna o di cambiare religione –, possiamo accettare che gli apostati in alcune comunità vengano ostracizzati (il che avviene sistematicamente, per esempio, in alcune sette cristiane, come i testimoni di Geova),[13] e in alcuni paesi condannati a detenzione, pene corporali o addirittura a morte?

La risposta avanzata da Olivier Roy è decisamente insoddisfacente. A proposito di come comportarsi, per esempio, con l'Unione delle organizzazioni islamiche di Francia (Uoif) – un'organizzazione che Roy stesso definisce fondamentalista –, il politologo francese sostiene che bisogna relazionarsi con essa come si fa con i conservatori cristiani ai quali, per esempio, a proposito dell'interruzione di gravidanza, "non viene chiesto di dichiarare dal pulpito che l'aborto non è un crimine, bensì di non incitare gli integralisti ad attaccare le cliniche dove si praticano gli aborti, vale a dire di rispettare la legge e l'ordine pubblico, e non di adattare le proprie credenze alla legge".[14] Se le cose fossero così semplici, non ci sarebbe molto da discutere. Ma il punto è che questo atteggiamento è insufficiente.

Dov'è infatti il limite? Che incitamenti ad attaccare le cliniche siano inaccettabili è pacifico, ma è lecito, per esempio, invitare al boicottaggio delle leggi sulle interruzioni di gravidanza strumentalizzando l'obiezione di coscienza, cosa che fa sistematicamente la Chiesa cattolica in Italia? Insomma, se è ovvio che non ha senso chiedere ai credenti di rendere conto del loro dogma, si deve però avere la massima libertà di criticare – anche aspramente e apertamente – tutte le religioni, i loro usi e costumi, le visioni del mondo che diffondono. Se il prete ha il diritto di condannare l'aborto dal pulpito, io ho il diritto di affermare pubblicamente che si tratta di posizioni misogine e illiberali e di combatterle sul piano del dibattito culturale e del confronto politico. E poi: siamo così sicuri che il prete (o l'imam, o qualunque altra autorità religiosa di qualunque altra religione) abbia il diritto di colpevolizzare le donne che abortiscono, chiamandole assassine? Che abbia il diritto di definire, fosse anche solo dal pulpito di una chiesa, l'omosessualità una malattia?

In questo gioco delle parti, in cui alcuni settori delle comunità religiose provano continuamente a fare del proprio dogma un codice di comportamento che normi anche le relazioni sociali e non solo il loro personale rapporto con il proprio dio, il ruolo che spetta allo Stato democratico e liberale è quello di difendere le "regole del gioco", ossia le libertà e i diritti fondamentali dei singoli cittadini contro la religione come "struttura", quella cioè che pretende di "dettare la forma politica delle società e definire l'economia del legame sociale".[15]

Al pari di ogni altro fenomeno culturale, infatti, le religioni intrattengono con la società un rapporto di reciproco scambio: influenzano la storia, e ne sono influenzate; plasmano le azioni, e ne sono plasmate. In questo "gioco" di negoziazioni, i laici (credenti e non credenti) non devono arretrare di un solo passo, pena lasciare campo libero ai fondamentalisti.

Concepire le religioni come "attori sociali" pienamente inseriti nel "gioco" di negoziazioni di cui sopra significa anche ritenere che le religioni non siano (come invece vorrebbero i fondamentalisti) monoliti sempre uguali a se stessi, immutabili nel tempo e nello spazio, ma componenti vive della società in continua e reciproca evoluzione. Questo approccio laico ci consente, da un lato, di guardare alle diverse religioni per come sono, per il contributo che danno qui e ora alla democrazia, e non per quello che vorremmo che fossero, e, dall'altro, di avere completa fiducia nella possibilità che, qualunque sia il loro ruolo adesso, non si tratta di un destino immutabile.

In altri termini, se in un dato momento storico e in un dato contesto sociale una religione ha un ruolo conservatore e reazionario, questo va riconosciuto e analizzato senza che però ciò implichi la convinzione che non possa essere diversamente. Vale naturalmente anche il contrario: una religione può avere avuto in alcuni momenti storici un ruolo progressista ed emancipatore, ma questo non le fornisce una patente di democraticità in eterno.

È infatti abbastanza comune usare due pesi e due misure quando si tratta di valutare il ruolo di una religione in un determinato contesto storico. Prendiamo l'esempio del cristianesimo: quando si guarda ai suoi aspetti più progressisti ed emancipatori, si tende a riportarli all'essenza della fede, mentre quando si tratta di giudicare gli orrori che in nome del cristianesimo sono stati perpetrati nel corso della storia – dalla caccia alle streghe all'evangelizzazione forzata – allora si tira fuori improvvisamente spirito critico e analisi storica, per cui quelle sarebbero derive da non ricondurre all'"essenza" del cristianesimo.

Ma se la religione è un fenomeno culturale che si inscrive nella storia, lo è sempre, nella buona e nella cattiva sorte. Perciò il "trucco" di attribuire le responsabilità degli aspetti negativi solo al contesto storico, alle condizioni economiche ecc., tentando di assolvere la religione quando conviene, non funziona, perché essa si inserisce nella storia esattamente come tutti gli altri fattori. E come questi ultimi subisce gli influssi degli altri elementi ma ha anche un potere attivo, in quanto interviene essa stessa nella storia.

Questa tendenza ad assolvere le religioni da ogni loro responsabilità storica non appartiene solo al fronte religioso, ma è stato – e continua, ahimè, a essere – un "vizio" anche di una certa impostazione laica e di sinistra che, volendo ricondurre tutto alla struttura socioeconomica, ignora completamente il potere creativo e attivo di tutti gli elementi "sovrastrutturali", tra cui appunto la religione.[16]

2.3 *Religioni e privilegi*

Le religioni, dunque, sono dei sistemi di credenze e riti esattamente come molti altri sistemi di credenze e riti, culturali, politici, sociali, ideologici. Eppure nelle nostre società esse godono di uno statuto particolare, che accorda loro privilegi che non sarebbero tollerati per nessun altro sistema di credenze.

In Massachusetts, come in molti altri paesi, sui documenti le foto con copricapi sono vietate, a meno che questi ultimi non siano indossati per motivi religiosi. Ed è proprio appellandosi a tale clausola che Lindsay Miller ha ottenuto il permesso di avere una foto con in testa uno scolapasta, simbolo della già citata Chiesa degli spaghetti volanti di cui fa parte.[17]

Si tratta di un caso, anche un po' paradossale, che mette in evidenza il regime di privilegio di cui godono le religioni anche in società secolarizzate: una sorta di "eccezione religiosa" diventata ormai intollerabile. Questo esempio può far sorridere, ma la nostra vita quotidiana è piena di casi in cui la religione viene trattata in maniera diversa da qualunque altro sistema di pensiero/opzione politica, filosofica o spirituale: alla religione concediamo quello che non consentiamo a nient'altro.

A partire dal battesimo, iscrizione forzata a un'associazione di un minore, di norma in un'età in cui è completamente incapace di intendere e di volere. Un "rito di iniziazione" talmente diffuso da apparirci del tutto innocuo, eppure basterebbe riflettere su come reagiremmo se si sottoponessero i neonati ad analoghi riti di iniziazione in un qualsiasi altro contesto che non sia quello religioso. In alcuni paesi, peraltro, con il battesimo si compie già una scelta che avrà significative conseguenze nella vita del futuro adulto: in Germania, per esempio, alla nascita di un bambino i genitori dichiarano all'anagrafe a quale religione "appartiene". Questo atto comporterà automaticamente, nel momento in cui il figlio riscuoterà il suo primo reddito, il versamento delle Kirchensteuer, le tasse (peraltro piuttosto cospicue) alla Chiesa a cui i suoi genitori l'hanno iscritto. Tasse che si può smettere di versare solo lasciando formalmente la Chiesa.[18]

Ma i casi sono tanti, dall'insegnamento (confessionale) della religione nelle scuole pubbliche, cui abbiamo già accennato, all'assistenza religiosa negli ospedali e nelle caserme, dalle visite pastorali in scuole e uffici pubblici alla benedizione della casa, fino ai privilegi accordati ai ministri di culto che, per fare solo un esempio, possono liberamente circolare "per servizio" con la propria autovettura durante i giorni di blocco del traffico. Per non parlare, poi, per quanto riguarda l'Italia, dell'8 per mille, costruito con un meccanismo grazie al quale la Chiesa cattolica prende molto più di quello che i suoi fedeli le versano.[19]

Uno dei maggiori privilegi di cui godono le religioni è la loro pretesa di "rispetto", un rispetto maggiore – *ça va sans dire* – di quello riservato a qualunque altro sistema di pensiero. La blasfemia è considerata un oltraggio intollerabile, ben più grave di un'equivalente offesa a qualunque altra "cosa" che non si autoproclami religiosa. In alcuni Stati è un reato, in taluni casi punito persino con la pena di morte. In Italia è oggetto dell'articolo 724 del Codice penale che recita: "Chiunque pubblicamente bestemmia, con invettive o parole oltraggiose, contro la Divinità è punito con la sanzione amministrativa pecuniaria da cinquantuno euro a trecentonove euro".

Al netto della propria personale fede, si converrà che definire "la Divinità" è operazione alquanto ardua, nella quale i giudici si sono però dovuti avventurare per definire i limiti di applicazione della norma. È stato stabilito così che bestemmiare la Madonna non è reato, non trattandosi tecnicamente di "Divinità": evidentemente la madre di Dio può essere bestemmiata impunemente. Ironia a parte, è evidente l'arcaicità di queste norme, che perpetuano una condizione privilegiata delle religioni ormai del tutto fuori tempo. Si dirà: ma chi offende una divinità offende i sentimenti religiosi di coloro che in quella divinità credono. D'altro canto è evidente però che i limiti del diritto di espressione e di critica – che in uno Stato liberale devono essere i più ampi possibile, e definiti esclusivamente dalla diffamazione o dall'istigazione a commettere reati – non possono essere stabiliti da chi da quella critica si sente offeso.[20] Questo argomento rivela ancora una volta la nostra tendenza a trattare la sensibilità religiosa con un riguardo maggiore di quello che riserviamo a qualunque altra sensibilità filosofica e spirituale: da atea, posso dire di sentirmi quotidianamente offesa da molte espressioni religiose, ma mai mi sognerei di fare della mia sensibilità personale il parametro della legge.

La filosofa statunitense Martha Nussbaum sostiene che "criticare una pratica religiosa – una volta stabilito che non mette in pericolo persone non consenzienti – sia un atteggiamento ficcanaso e rude. Tutti noi abbiamo le nostre opinioni sulle religioni degli altri, su cui riflettiamo da soli e [di cui] parliamo con gli amici"[21]: questa affermazione, all'apparenza innocua, rappresenta in realtà un gravissimo *vulnus* alla libertà di espressione e alla vitalità del dibattito pubblico, che è sano quando può affrontare liberamente in piazza – e non solo fra amici – tutti gli argomenti, incluse le credenze religiose di qualsiasi membro della comunità politica.

Tutti questi privilegi sono nella maggior parte dei casi retaggi del passato legati ai regimi concordatari che però, come osserva Henri Pena-Ruiz, "non possono fare giurisprudenza e costituire le basi di una riconquista clericale: sarebbe paradossale che si rivoltasse contro la laicità il suo senso della conciliazione, trasformando queste *concessioni* in *diritti*".[22]

Il regime concordatario che vige, con alcune varianti, in moltissimi paesi è esito della lunga e non ancora conclusa storia di secolarizzazione delle istituzioni politiche, e oggi mostra i suoi limiti: il solo fatto che le religioni – e solo esse – possano accedere ad accordi con lo Stato rappresenta già una forma di privilegio. Il regime concordatario – nato per la Chiesa cattolica – si è esteso con il sistema delle intese ad altre confessioni, creando in Italia un doppio livello di privilegi: la Chiesa cattolica privilegiata sulle altre religioni, e le religioni, tutte, privilegiate rispetto a qualunque altro sistema di credenze, visioni del mondo, ideologie, opzioni spirituali.

Con il sistema del concordato[23] e delle intese, le religioni hanno avuto accesso a una serie di benefici di cui tutte le altre realtà sociali/spirituali/associative non hanno mai potuto godere e l'introduzione del 5 per mille rappresenta il tentativo di mettere una toppa su una situazione intollerabile.

Da un punto di vista laico, le religioni sono una delle tante componenti della società civile e vanno trattate alla stregua di qualunque altro attore sociale. In quanto elementi rilevanti della società, esse hanno dunque diritto *al pari di tutti gli altri* di manifestarsi nello spazio pubblico nel quale però si inscrivono a titolo privato,[24] ossia senza alcuna pretesa di strutturarlo. In molte norme del nostro ordinamento, come fa notare Stefano Rodotà,[25] la religione è sempre associata ad altre dimensioni e rientra nella libera manifestazione del pensiero, mentre nei fatti – e in virtù di quel vero e proprio ircocervo che è il regime concordatario – gode di una posizione privilegiata.

Lo Stato laico ha il dovere di farsi garante della libertà di tutte le componenti della società civile, una libertà che va garantita in maniera completa e radicale, finché le varie comunità rimangono nell'ambito della legge e dei princìpi costituzionali. Una garanzia che riguarda ovviamente, negli stessi termini e con gli stessi limiti, anche le religioni. Quella che invece va respinta con grande forza è la pretesa da parte di queste ultime di godere di uno statuto privilegiato rispetto ad altre sfere della società civile, uno statuto che garantisca loro privilegi del tutto impensabili per altri gruppi o comunità.

La teocrazia è il caso limite di commistione fra religione e potere pubblico, ma lungo il *continuum* che va da essa allo Stato pienamente laico le opzioni sono varie e non basta che non esista una religione di Stato per affermare che uno Stato sia laico. Un paese che riconosca a una religione una posizione in qualche modo privilegiata rispetto ad altre, e alle religioni in generale, a loro volta, una posizione privilegiata rispetto ad altre opzioni spirituali, non rispetta pienamente l'uguaglianza dei cittadini. È il caso della stragrande maggioranza dei paesi occidentali, che in quel *continuum* si collocano, certo, molto distanti dal polo della teocrazia, ma che continuano a essere lontani, chi più chi meno, anche da quello della piena e compiuta laicità.

Ovviamente il carattere maggioritario o comunque

consistente in termini di numero di fedeli e "peso" economico-politico di una religione non può costituire argomento per garantirne un trattamento privilegiato, perché la libertà di coscienza e di religione è un principio universale che fa capo a ogni singolo cittadino, il cui diritto vale esattamente quanto quello di ciascun altro, dovesse essere anche l'unico adepto di una religione.

Il punto dunque non è escludere le religioni dallo spazio pubblico, ma non concedere loro una posizione privilegiata, un valore aggiunto.[26] Ciascun individuo informa la propria vita ai valori in cui crede, e per molti credenti la propria fede rappresenta il faro del proprio agire quotidiano. Questo è pienamente legittimo e nessuno può impedire a nessun altro di scegliersi i valori supremi che desidera. Ma lo Stato in quanto tale non può privilegiare la religione – né una in particolare, né alcune, né tutte le religioni in quanto tali – rispetto agli altri sistemi di valori o credenze.

2.4 *Fondamentalisti di tutto il mondo uniti*

Poiché dunque qui interessa la funzione storica che le religioni, nelle loro varie articolazioni, svolgono, l'attenzione non va rivolta soltanto ai movimenti religiosi più apertamente politici. Ci sono anche movimenti religiosi estremamente conservatori che però non intendono svolgere alcun ruolo politico diretto, e anzi sono spesso in dissenso con i movimenti politico-religiosi. Nel mondo musulmano, per esempio, Roy distingue gli "islamisti" dai "fondamentalisti": "I primi ritengono che la reislamizzazione passi attraverso lo Stato; i secondi dalla devozione personale".[27] A questi ultimi l'idea di uno "Stato islamico" fa orrore e sono spesso in aperto conflitto con i primi, nei quali vedono una degenerazione del messaggio coranico.

Non c'è accordo – specie in ambito accademico – sull'uso dei termini in questa discussione. C'è chi riserva la parola fondamentalismo ai movimenti religiosi tradizionalisti e conservatori ma non necessariamente politici, altri preferiscono utilizzare la parola integralismo che, nella definizione di Roy, "è una forma di fondamentalismo che non riguarda più la società nel suo insieme ma il singolo credente che, in quanto individuo, tenta di vivere integralmente la sua fede".[28] Si tratta comunque di termini che – sebbene oggi nel dibattito pubblico vengano spesso associati all'islam – nascono in realtà in contesto cristiano: l'uno, "integralismo", in ambito cattolico e l'altro, "fondamentalismo", in quello protestante.

In ogni caso, si tratta in generale di definizioni insoddisfacenti e sempre parziali ma, in attesa di trovare un nuovo termine che renda meglio l'idea, utilizzeremo qui la parola fondamentalismo per riferirci sia ai movimenti religiosi più esplicitamente politici sia a tutte quelle forme di religiosità che non distinguono la sfera pubblica da quella privata e che non accettano il principio dell'autonomia del singolo individuo.

Nessuna religione è immune dal fondamentalismo. Qualche esempio tratto da un Rapporto dell'Onu: "Nel 2015 il direttore del Teatro dell'Opera di Novosibirsk è stato licenziato per aver messo in scena il *Tannhäuser* di Wagner, accusato di offendere i credenti cristiano-ortodossi e di profanare un 'simbolo venerato dai cristiani'. [...] Htin Lin Oo, ex esponente nazionale della Lega nazionale per la democrazia, è stato condannato a due anni di lavori forzati in Myanmar dopo aver tenuto un discorso a un evento letterario del 2014 in cui criticava l'uso del buddismo come strumento di discriminazione. [...] Gruppi fondamentalisti sikh hanno usato bande di uomini in maschera per bloccare con la forza dei matrimoni misti. La violenza contro gay, lesbiche, bisessuali e transessuali evidenzia la natura transnazionale del fondamentalismo e dell'estremismo. Per esempio, gruppi e leader cristiani fondamentalisti negli Stati Uniti avrebbero fornito il loro supporto – tramite finanziamenti e discorsi – all'agenda anti gay, lesbiche, bisessuali e transessuali in Uganda".[29]

Sebbene infatti in ogni contesto sociale e religioso i fondamentalismi prendano forme diverse, essi sono tutto sommato molto più simili di quanto si possa credere: hanno di certo più in comune un islamista e un fondamentalista cattolico che ciascuno di loro con un proprio correligionario laico. Si può anzi dire che esiste una vera e propria "Internazionale fondamentalista", il cui punto di unione, come vedremo nel prossimo paragrafo, è soprattutto la concezione della famiglia e della donna.

Se gli obiettivi dei fondamentalisti sono analoghi, diverse possono essere le strategie che mettono in campo a seconda dei contesti: "Uno degli obiettivi dei fondamentalisti ovunque è il sistema educativo, che viene attaccato in modalità diverse. In alcuni luoghi uccidono gli insegnanti o compiono attacchi con l'acido contro gli studenti. Altrove cercano di imporre la segregazione di genere o di escludere del tutto le donne e le ragazze. In altri luoghi ancora tentano di cambiare i contenuti dei programmi di istruzione, provando a togliere l'educazione sessuale dai *curricula* e a censurare le teorie scientifiche con cui non concordano".[30] È proprio per questa diversità di strategie che non è possibile distinguere nettamente i movimenti fondamentalisti espressamente violenti e politici da quelli che, pur non ricorrendo alla violenza esplicita e non ponendosi obiettivi politici specifici, promuovono visioni omofobe, misogine, illiberali, antiscientifiche e violano nei fatti i diritti umani fondamentali dei loro membri.[31]

2.5 *Fondamentalismi e diritti delle donne: perché il femminismo non può che essere laico*

Il controllo sul corpo delle donne è il primo terreno su cui si esercitano i fondamentalisti di tutto il mondo, e non è un caso che "sante alleanze" fra le ali più conservatrici delle diverse fedi vengano a crearsi proprio intorno a temi come il ruolo della donna nelle società, l'aborto, la fertilità, la famiglia.[32] Come recita il nome di un'associazione per i diritti delle donne, "Secularism is a women's issue", la laicità è una questione che riguarda le donne. "La battaglia per i diritti delle donne," si legge nel già citato Rapporto dell'Onu, "è una componente essenziale della battaglia contro ogni forma di estremismo, fondamentalismo e terrorismo. La componente di genere non è opzionale."[33]

Assistiamo oggi a un rigurgito dei fondamentalismi religiosi un po' in tutto il mondo. In India l'induismo nazionalista, in Myanmar e Sri Lanka il buddismo sciovinista, in Polonia il fondamentalismo cattolico, in molti paesi del mondo musulmano l'islam politico, che tenta di farsi strada anche in Europa.[34] Osservare questo fenomeno da un punto di vista femminista – ossia dal punto di vista di chi tiene ferma la barra sulle condizioni di vita e sulla soggettività delle donne – significa analizzarlo sotto due aspetti: il primo è quello prettamente ed esplicitamente politico, quando questi movimenti compiono il passaggio che pretende che i precetti religiosi informino la convivenza civile. L'altro è, diciamo così, "interno" alle diverse comunità e ci interroga sul diritto/dovere di "interferire" anche con la loro organizzazione e la cultura che esse promuovono, laddove si scorgano potenziali violazioni dell'autonomia e della libertà delle donne. In altri termini, sul piano della battaglia culturale non ci deve interessare solo, per esempio, che il governo polacco non approvi la legge della messa al bando totale dell'aborto, ma anche combattere le dinamiche culturali e religiose che esercitano pressioni sulle donne all'interno delle famiglie, per esempio pretendendo di relegarle sempre più nell'ambito domestico, magari ad attendere pazienti i mariti infedeli, come ha di recente invitato a fare papa Francesco.[35]

Sono due battaglie che vanno portate avanti parallelamente. E occorre rispolverare l'antico ma quanto mai attuale slogan "il personale è politico", perché l'argomento "sono affari di famiglia" – o l'equivalente comunitarista "sono affari della comunità", "nella nostra comunità funziona così", "chi siete voi per dire a noi come vivere" – non può giustificare la benché minima violazione dei diritti e delle libertà dei soggetti, e in particolare delle donne, delle bambine e dei bambini.

Sovente nel dibattito pubblico, quando si parla di sottomissione della donna, si aggiunge: sì, ma si tratta di tradizioni culturali e della struttura patriarcale che caratterizza molte società, la religione non c'entra. Da un punto di vista laico questa è, come abbiamo visto, un'affermazione piuttosto curiosa. Cosa sono infatti le religioni se non parte integrante della cultura? Separare ciò che fa capo alle religioni da ciò che invece sarebbe legato "solo" alla cultura è impresa ardua.

Quel che chi avanza questo argomento tende a sottovalutare è infatti il contributo che determinati fenomeni culturali (e le religioni, lo ribadiamo, sono fenomeni culturali) danno nel rafforzare o, al contrario, nel contrastare il patriarcato. In altri termini, c'è da chiedersi: le religioni sono elementi che agiscono in senso progressista, aiutando a rimuovere e scombinare le dinamiche patriarcali o, al contrario, si alleano di buon grado con esse, rafforzandole? Non c'è dubbio, per esempio, che la cultura cattolica nel corso della sua storia abbia favorito il patriarcato anziché ostacolarlo.

La mentalità maschilista e patriarcale dell'Italia degli anni cinquanta (ma purtroppo ancora largamente diffusa nel nostro paese) ha o non ha a che fare anche con la religione cattolica e con il posto che la donna vi occupa? Certo, sono possibili letture alternative della Bibbia, ma non si può negare che il cattolicesimo dominante andava, e continua ad andare, come le parole di Bergoglio dimostrano, a braccetto con misoginia, patriarcato, omofobia.

Al di là infatti delle numerosissime esperienze del

cattolicesimo progressista, delle comunità di base ecc., il cattolicesimo come "agente storico" è stato un ottimo alleato del patriarcato. Anzi, proprio l'esistenza di movimenti cattolici progressisti lo dimostra: si tratta infatti di esperienze nate in contrasto con l'interpretazione predominante del cattolicesimo, quella che ha determinato in maniera più significativa la storia.

Un discorso simile può essere fatto anche per l'islam: che islam e patriarcato non siano interamente sovrapponibili, che la storia dell'islam abbia conosciuto anche scuole e interpretazioni progressiste, che molti elementi tipici del patriarcato siano preislamici, che fra epoca preislamica e islamica ci siano elementi di continuità ma anche di discontinuità, che le dinamiche che hanno alimentato il patriarcato siano anche e soprattutto economiche, come osserva Ruba Salih,[36] non c'è dubbio. Ma tutto questo non può comunque assolvere completamente la religione. I fenomeni storici non sono mai riconducibili a cause univoche, ovvio. Ma le religioni sono un fattore, e niente affatto secondario, che agisce nella storia e sono a loro volta esse stesse fenomeni storici.

È parzialmente vero, dunque, che il "nemico" del femminismo e dell'emancipazione delle donne non sono le religioni in sé, ma il patriarcato. Però il patriarcato si combina poi con i diversi elementi culturali, e dunque anche religiosi. E va combattuto nelle sue forme concrete e contingenti, non in astratto.

Un esempio molto recente di un connubio strettissimo fra patriarcato e religione è fornito da quel che sta accadendo in Polonia negli ultimi anni. Da quando è al governo il partito di destra Diritto e Giustizia è in atto un sistematico attacco ai diritti delle donne, con l'ampio ed esplicito consenso della Chiesa cattolica polacca che, attraverso le ascoltatissime frequenze di Radio Maryja, diffonde le sue posizioni reazionarie, omofobe e misogine.[37]

Il fronte principale di questa battaglia è il diritto

all'aborto, che è già molto limitato nell'attuale legislazione polacca, essendo previsto solo nei casi di pericolo di vita per la madre, gravissima malformazione del feto e stupro. Un primo tentativo di limitare ulteriormente questo diritto, che prevedeva il bando sostanzialmente totale dell'aborto e addirittura il carcere per le donne che vi ricorrono, è stato scongiurato dalle proteste delle donne polacche, scese in piazza in massa nel 2016. Ma l'offensiva oscurantista e clericale contro le donne non si è fermata, e di recente è stata nuovamente avanzata una proposta di legge per una sostanziale messa al bando dell'aborto, al quale si potrebbe ricorrere solo in caso di pericolo di vita per la donna.

Se qualcuno avesse dubbi sull'influenza della religione in questo processo, basta leggere le dichiarazioni di Jarosław Kaczyński, presidente di Diritto e Giustizia, che si è solennemente impegnato ad "assicurare che anche in caso di gravidanze molto difficili, quando è sicuro che il bambino morirà o nascerà fortemente deformato, le donne portino a termine la gravidanza in modo che quel bambino possa essere battezzato, sepolto e avere un nome".[38]

Se in Polonia l'attacco al diritto delle donne all'aborto è diretto e molto aggressivo, non possiamo pensare che in Italia il problema non esista. La legge 194 del 1978, quella che regola l'interruzione volontaria di gravidanza nel nostro paese, subisce di fatto un boicottaggio continuo a causa del numero elevatissimo e del tutto sproporzionato di obiettori di coscienza, che in alcune zone del paese, stando agli ultimi dati diffusi dal ministero della Salute, sfiorano il 90 per cento dei ginecologi nelle strutture pubbliche, determinando di fatto una violazione della legge e dei diritti delle donne.

Il fronte dei sostenitori dell'obiezione di coscienza – una clausola che poteva avere un senso come norma transitoria nel momento in cui la legge è stata approvata, ma che oggi è solo una beffa alle donne – è molto ampio, con la Chiesa in prima linea. E se in Italia oggi non è all'ordine del giorno una proposta come quella polacca, non si deve certo al ruolo della Chiesa ma alle lotte, laiche e femministe, che le donne non hanno mai smesso di portare avanti.

Con la scusa dell'opposizione a una fantomatica "teoria gender" che starebbe minando la crescita dei nostri figli e mettendo in discussione la "famiglia tradizionale", i conservatori cristiani uniti in una sorta di ecumenismo fondamentalista tentano ovunque di far fare passi indietro al movimento delle donne. In nome proprio dell'"antigender", in Slovacchia le diverse Chiese cristiane hanno lanciato una grossa campagna per impedire la ratifica della Convenzione di Istanbul "sulla prevenzione e la lotta alla violenza contro le donne e la violenza domestica".[39] Campagna peraltro coerente: poiché quello della violenza sulle donne è un problema innanzitutto culturale, affrontarlo significa in effetti mettere in discussione il modello delle relazioni tradizionali fra uomini e donne, che i fondamentalisti di ogni religione vogliono invece difendere.

3. L'islam: nuova religione europea

> "L'etica è più profonda e più naturale della religione."
>
> Dalai Lama, *Il mio appello al mondo*.

3.1 *I tanti islam d'Europa*

Non c'è dubbio che oggi a rappresentare la maggiore sfida per la laicità in Europa, insieme alla destra cristiana che ormai ben conosciamo, sia una parte dell'islam, per ragioni che hanno a che fare con il numero di musulmani in costante crescita e con il peso che essi iniziano ad avere nel dibattito pubblico e politico. "In considerazione dell'immigrazione e della situazione politica in Medio Oriente," scrive Roy, "vi è nell'islam una dimensione politica di gran lunga più significativa" rispetto alle sette cristiane e alle altre confessioni religiose,[1] ma non si capisce bene come questa sacrosanta osservazione di fatto possa convivere con la tesi dello stesso autore secondo la quale "la laicità francese esprime una paura *specifica* nei confronti dell'islam".[2]

A sostegno di questa tesi Roy cita l'esempio dei rabbini conservatori: anch'essi portano avanti posizioni misogine e omofobe ma questo non desterebbe lo stesso allarme sociale degli imam conservatori, il che è dovuto ovviamente al fatto che il peso sociale e politico dei rabbini conservatori in Francia è nettamente (e innegabilmente) inferiore a quello degli imam conservatori. L'ebraismo ultraortodosso – altrettanto fondamentalista dell'islamismo, del fondamentalismo induista e di quello cristiano, è evidente –

non rappresenta una "forza politica" particolarmente rilevante oggi in Europa. E, se da un lato è ovvio che la battaglia di principio e culturale vada condotta su tutti i fronti, è anche del tutto legittimo che essa si concentri maggiormente (per ragioni contingenti e non essenzialiste) su quelle forze sociali che hanno un peso reale.

Ecco perché è non solo legittimo, ma anche doveroso, approfondire, parlare, discutere, studiare, criticare l'islam. Il rapporto fra religione e Stato si fa infatti più complicato a mano a mano che le società diventano più disomogenee dal punto di vista religioso. È lecito dunque quanto meno domandarsi: cosa comporta la presenza sempre più numerosa di fedeli di altre religioni rispetto al modello di laicità finora sperimentato?

Come abbiamo visto nel precedente capitolo, infatti, il modello di laicità adottato in Europa è intimamente legato al confronto fra lo Stato e le Chiese cristiane, e quella cattolica in particolare, pertanto è opportuno chiedersi se gli "assetti" che le diverse società europee hanno trovato nel gestire i rapporti Stato-religione (ammesso e non concesso che, da un punto di vista laico, fossero pienamente soddisfacenti) funzionino ancora, se si applichino tali e quali anche nei rapporti con le altre confessioni, e in particolare con l'islam europeo. Sottolineo "europeo" perché, come ci insegnano gli studi di sociologia e antropologia delle religioni, la religione è sempre inserita in un determinato contesto sociale e culturale, dal quale è condizionata e che a sua volta condiziona, e dal quale non è possibile astrarre perché "i modi di essere musulmani [cosa che vale del resto per qualunque altra fede, *N.d.A.*] variano sostanzialmente in funzione dei contesti culturali".[3]

Poiché, come abbiamo chiarito sopra, non ci interessa la religione "in sé" ma la funzione politica e sociale che svolge in un determinato momento storico e in un preciso contesto socio-culturale, circoscriviamo il nostro discorso all'islam europeo, che è relativamente giovane e in pieno sviluppo, secondo percorsi complessi, spesso contraddittori, certamente non monolitici.

Converrà imparare a conoscerlo, questo islam europeo, in tutte le sue diverse configurazioni. Si scoprirà che esistono molti modi di essere musulmani in Europa, alcuni perfettamente compatibili con una società laica, liberale e democratica, altri meno, esattamente come accade per qualunque altra religione e per qualunque altro sistema cultural-ideologico: il modo di essere cattolica di Rosy Bindi è perfettamente compatibile con una società laica, democratica e liberale, quello di Rocco Buttiglione un po' meno.[4]

A proposito delle diverse modalità di essere musulmano oggi in Francia (ma le sue osservazioni si possono estendere un po' a tutta l'Europa), il sociologo Farhad Khosrokhavar distingue un "islam dell'integrazione", un "islam dell'esclusione" e un "islamismo radicale".[5]

Nel primo tipo – il più diffuso ma anche il meno visibile perché meno militante – l'islam è vissuto non come appartenenza a un gruppo ma come "costruzione di una identità singolare in seno alla società francese".[6] L'islam dell'esclusione è invece, sempre nelle parole di Khosrokhavar, "una forma di costruzione neo-comunitaria di un senso che fa riferimento al sacro, in cui il soggetto [...] cerca di conferire un significato alla propria esistenza tenendosi *in disparte* rispetto a una società nella quale non crede più di avere la possibilità di far parte degli 'inclusi'. Mentre l'islam dell'integrazione cerca un riconoscimento in seno alla nazione, l'islam dell'esclusione è caratterizzato dall'assenza di fiducia in una società che ha rifiutato a questi giovani l'integrazione".[7]

Questa è la forma di islam più problematica per un sistema democratico e liberale, non solo perché, essendo "per sua natura ambiguo",[8] può rappresentare un piano inclinato che porta verso la terza tipologia di islam, ossia quella della radicalizzazione fondamentalista, ma anche perché, anche quando rimane del tutto non violenta, contribuisce a creare divisioni, ad alimentare un senso di esclusione e non dà il suo contributo a una società coesa.

Un senso di esclusione determinato ovviamente dalla condizione di disagio sociale ed economico che, per complicate ragioni storiche che qui non abbiamo modo di approfondire, molto spesso riguarda, specie in Francia, in maniera significativa e prioritaria una consistente fetta di popolazione di fede musulmana. Questa indiscutibile osservazione, però, non può costituire un alibi per la religione.[9] Come abbiamo già avuto modo di osservare, infatti, quest'ultima – come tutti gli altri elementi culturali di una società – può avere *in ogni contesto* (dunque anche in una situazione di disagio determinato da fattori storici, economici, sociali ecc.) una funzione progressista o reazionaria e non si possono invocare ogni volta le condizioni "strutturali" per assolverla.

Prevengo qui una possibile obiezione: i musulmani della seconda tipologia – per non parlare poi di quelli della terza, ossia gli islamisti – sono una minoranza, mentre la stragrande maggioranza dei musulmani in Europa fanno capo alla prima tipologia individuata da Khosrokhavar e sono quindi perfettamente integrati nel contesto di una società democratica e liberale. Da un punto di vista sociale e politico, però, non conta solo quanto un fenomeno sia numericamente più o meno consistente, ma anche quanto sia capace di influenzare il discorso pubblico. Insomma, è anche una questione di gramsciana egemonia culturale: la maggioranza silenziosa dei musulmani è, appunto, silenziosa, e questo lascia la possibilità ai fondamentalisti di occupare l'immaginario collettivo.

Rifiutare il principio essenzialista significa rifiutare di pensare alla "comunità musulmana" come a un monolite (che è quello che vogliono invece i fondamentalisti) e riconoscere le mille sfaccettature dell'islam europeo. Non c'è "l'islam", ci sono tanti islam: c'è un islam con il velo e uno senza velo, uno con la barba e uno senza, c'è un islam intimista che non guarda alla politica e ce n'è uno politico che vuole islamizzare lo spazio pubblico. Esattamente come accade nel mondo cristiano che ci è più familiare: le Chiese cristiane di base e Comunione e Liberazione non hanno nulla in comune. Mentre però siamo avvezzi a riconoscere differenze e sfumature nel mondo cristiano-cattolico, tendiamo a guardare all'islam come a un tutt'uno, il che è la dimostrazione che oggi l'egemonia culturale è in mano ai più conservatori: sono loro che "dettano l'agenda", è la loro narrazione che è diventata dominante.

Kenan Malik, nel suo libro *Il multiculturalismo e i suoi critici*, riferisce il seguente episodio accaduto poco dopo la pubblicazione sul quotidiano danese "Jyllands-Posten" delle vignette su Maometto che hanno scatenato reazioni violentissime nel mondo musulmano: "Il parlamentare danese Naser Khader, che è musulmano sebbene non osservante, racconta di una conversazione avuta con Tøger Seidenfaden, direttore di 'Politiken', un giornale di sinistra molto critico verso le vignette. 'Mi disse che le vignette offendevano tutti i musulmani,' ricorda Khader, 'e gli dissi che io non ero offeso'. Lui rispose: 'Ma lei non è un vero musulmano'. Agli occhi dei progressisti, in altre parole," commenta Malik, "essere un vero musulmano significa trovare le vignette offensive. Una volta che l'autenticità islamica viene così definita, solo una figura come Abu Laban[10] può essere considerata una vera voce musulmana".[11]

Se essenzializzare, omogeneizzare, uniformare, livellare è l'operazione tipica dei fondamentalisti, noi non dobbiamo prestarci al loro gioco contribuendo alla narrazione di un islam monolitico. È normale che la capacità di critica e di analisi – ossia di separazione, di discernimento, di individuazione delle diversità e delle sfumature – sia più acuta di fronte a fenomeni a noi noti e conosciuti, ed è normale che a mano a mano che guardiamo "oggetti" più distanti da noi culturalmente e geograficamente ne perdiamo i contorni, tendiamo a uniformare, a omologare, a non distinguere, a fare di tutta l'erba un fascio. È normale, ma non è giustificabile. Soprattutto, non è più giustificabile nei confronti dell'islam, che non è più lontano ma è diventato parte di noi e ci impone di conoscerlo nelle sue diverse articolazioni.

Al referendum costituzionale voluto nel 2017 da Recep Tayyip Erdoğan in Turchia, a cui potevano partecipare anche i turchi residenti all'estero, in Germania ha votato meno della metà degli aventi diritto, ma tra i votanti la percentuale a favore della riforma voluta da Erdoğan è stata bulgara.[12] Come ha sottolineato Can Dündar,[13] questo significa che, da un lato, la maggioranza dei turchi residenti in Germania è perfettamente integrata e non si sente "chiamata" a partecipare alla vita politica della madrepatria, ma, dall'altro, che la minoranza più organizzata e militante è conservatrice e reazionaria. In simili situazioni una responsabilità storica ricade anche sulla maggioranza silenziosa, che non può semplicemente girarsi dall'altra parte con un'alzata di spalle.

I processi sociali, infatti, sono sempre la sintesi dell'interazione di condizioni strutturali e azione soggettiva. Per questo è fondamentale che i musulmani laici si associno, si rendano visibili, scendano in piazza, inizino a influenzare il discorso pubblico. Non si tratta di prendere le distanze da qualcosa, ma di occupare uno spazio politico e culturale che altrimenti viene invaso da chi è militante, che di norma sono appunto i più conservatori e reazionari. Si tratta di prendersi cura della cosa pubblica, di sottrarre agli altri l'egemonia culturale, di farsi carico della responsabilità di far parte di una comunità politica ampia, e non solo della propria famiglia, del proprio clan.

La visibilità e il peso dei musulmani laici nelle società occidentali è ancora troppo debole, il che comporta che interlocutori politici diventino le associazioni di musulmani più conservatori, che si autoproclamano rappresentanti di tutti i musulmani.

Un piccolo esempio a sostegno di questa tesi: in seguito all'attentato di Londra del 3 giugno 2017, quando un furgone ha investito i passanti sul London Bridge causando 8 morti e 48 feriti, la sociologa tedesca Lamya Kaddor, apprezzata studiosa di islam e fondatrice dell'Alleanza dei musulmani liberali in Germania, ha promosso a Colonia una manifestazione contro il terrorismo, il cui motto era *#NichtMitUns – Muslime und Freunde gegen Gewalt und Terror* [#Nonconnoi – Musulmani e amici contro la violenza e il terrore]. Come ha chiarito la stessa Kaddor, si trattava di un invito non a *prendere le distanze dal* terrorismo, ma a *prendere posizione contro* il terrorismo. La manifestazione è stata un vero e proprio flop,[14] e molti musulmani hanno spiegato la loro assenza proprio con l'argomento "non ho bisogno di giustificarmi in quanto musulmano", un argomento che dimostra come non si siano ancora raggiunte una consapevolezza e una maturità tali da comprendere che manifestare pubblicamente il proprio posizionamento rispetto a un problema che ci riguarda da vicino, anche se non ne siamo i diretti responsabili, è un segnale innanzitutto nei confronti di coloro che del nostro silenzio approfittano, in questo caso i fondamentalisti islamici. Non per nulla la Ditib, la potente associazione dei musulmani turchi in Germania, aveva invitato a boicottare la manifestazione.[15]

Il meccanismo del "non è colpa mia, non devo giustificarmi" è un tipico atteggiamento che vediamo all'opera anche in altri contesti. Per anni in Sicilia è stato utilizzato per giustificare il silenzio sulla mafia della maggioranza dei siciliani, che ovviamente non sono mafiosi e che però, con il loro silenzio, creavano un ambiente perfetto per il proliferare di Cosa Nostra. È stato solo dopo le stragi del '92 che si è capito che bisognava letteralmente *manifestarsi*, per mandare un chiaro messaggio non al resto del mondo ma ai mafiosi: "Non siamo come voi e non vi permetteremo di umiliare la nostra terra. Non siamo vostri complici, fosse anche solo con il nostro silenzio". Il mafioso non pretende infatti che tutti siano affiliati a Cosa Nostra, gli basta che chi non lo è si giri dall'altra parte e lasci fare. Chi tiene gli occhi aperti, chi fa "la spia", chi fa "lu 'nfami", chi si *mostra* mette dei granelli di sabbia negli ingranaggi, rompe quell'equilibrio in cui la mafia prospera.

Un altro esempio è quello della violenza contro le donne: è esasperante dover continuamente ripetere che, se da un lato è lapalissiano che non tutti gli uomini sono dei violenti, altrettanto ovvio dovrebbe essere che tutti gli uomini portano la responsabilità nel creare un clima di accettazione di stereotipi, nel quale poi si sviluppa la violenza. Quello che si chiede agli uomini è di prendere coscienza che c'è un problema di genere, un problema che riguarda il genere a cui loro appartengono e che, se non saranno loro i primi ad agire in maniera attiva per modificare quella cultura, si rendono complici, anche solo quando fanno (o ridono a) una battuta sessista. Anche in questo caso, la richiesta non è di prendere le distanze dai violenti (sarebbe peraltro troppo facile) ma di mettersi in discussione e manifestarsi, per isolarli e farli sentire non più accettati. Si ha responsabilità per colpa ma anche per omissione.

3.2 *Uno spettro si aggira per l'Europa: lo spettro dell'islamofobia*

Nel paragrafo 2.3 abbiamo osservato come uno dei maggiori privilegi di cui godono le religioni è una pretesa di "rispetto" che troppo spesso si traduce in una censura preventiva nei confronti di ogni possibile critica alle religioni. Questa richiesta di ossequio è avanzata indifferentemente da tutte le religioni ma, mentre la critica alla Chiesa cattolica e al cristianesimo in generale – forte di secoli di battaglie laiche – è ormai considerata legittima, quella nei confronti dell'islam – trattandosi della religione di quella che in Europa è una minoranza spesso vittima di discriminazioni razziste – è sovente messa a tacere con la tanto generica quanto strumentale accusa di "islamofobia".

Il Council of Ex-Muslims of Britain (Cemb) è un'associazione, fondata dall'attivista di origini iraniane Maryam Namazie, che raccoglie persone provenienti da paesi a maggioranza musulmana che hanno abbandonato l'islam (o che non sono mai state musulmane) e che portano avanti battaglie per la libertà d'espressione e l'abolizione del reato di apostasia in tutto il mondo. L'8 e 9 luglio 2017 alcuni attivisti del Cemb hanno partecipato al Gay Pride di Londra esponendo cartelli con slogan come "Allah è gay", "Viva l'apostasia", "Basta con l'odio e la violenza islamica contro i gay". Alcuni dei cartelli erano rivolti contro la moschea di Londra, esplicitamente accusata di "incitare a uccidere i gay", cartelli che, a detta della moschea, avrebbero alimentato l'islamofobia.

Il Cemb ha confermato le proprie accuse, ricordando come in passato la moschea di Londra avesse ospitato predicatori che avevano espressamente inneggiato alla persecuzione di apostati e gay. Ma, soprattutto, ha rimandato al mittente l'accusa di "islamofobia", una parola, si legge nel comunicato diffuso dall'associazione, "fuorviante e ipocrita, che mischia la critica a un insieme di credenze (islam) o alla destra religiosa (islamismo) con l'intolleranza nei confronti di un gruppo di persone (i musulmani)". Un'accusa "ironica", dichiarano al Cemb, visto che, in quanto ex musulmani in gran parte provenienti da paesi a maggioranza musulmana, si trovano essi stessi spesso vittime di razzismo.[16]

In seguito alle proteste della moschea, gli organizzatori del Pride hanno inviato una lettera al Cemb, annunciando che avrebbero avviato delle verifiche per capire se alcuni dei cartelli esposti violassero il codice di condotta della manifestazione, valutando l'ipotesi di escludere l'associazione di Namazie dal Pride del 2018, ipotesi che per fortuna alla fine non si è concretizzata. Ma il solo fatto che se ne sia discusso è estremamente indicativo del clima che si crea quando a essere oggetto di critica è l'islam.

Questa vicenda è solo uno dei tanti esempi che si possono fare sull'uso strumentale dell'accusa di islamofobia. Criticare anche in maniera molto provocatoria e radicale non solo l'uso politico di una religione, ma una determinata religione in sé o le religioni in generale è un diritto umano fondamentale e non può essere equiparato *tout court* a un invito all'intolleranza nei confronti dei credenti.

Per cogliere la natura strumentale dell'uso della parola "islamofobia" è sufficiente fare un esperimento: proviamo a sostituire all'islam il cristianesimo, e vediamo cosa succede. Nei Gay Pride si sono sempre visti cartelli e slogan ferocemente antireligiosi e blasfemi, cosa di cui ovviamente la Chiesa non è affatto felice. Si possono ritenere quegli slogan inopportuni, fuori luogo, di cattivo gusto ecc., ma nessuno di coloro che li espone è mai stato accusato di "cristianofobia", ossia di nutrire odio nei confronti dei cristiani *in quanto tali*.

La parola "islamofobia" è costruita infatti sul calco di "omofobia", che indica precisamente l'odio nei confronti delle persone omosessuali. Come afferma Ali A. Rizvi, autore di *The Atheist Muslim*, in un articolo su "HuffPost": "Le nostre parole critiche non rappresentano un attacco alle persone. Esse sono una sfida a quelle che consideriamo *idee* sbagliate che conducono a comportamenti sbagliati. Dire 'fumare è sbagliato' non equivale a dire tutti i fumatori sono cattive persone".[17]

Il Cemb ha accusato – in maniera sicuramente molto forte ma anche a ragion veduta – la moschea di Londra di sostenere la persecuzione dei gay non certo per "islamofobia", ossia per un'ossessione quasi paranoica e ingiustificata verso le persone di fede musulmana in quanto tali, ma perché ha ospitato predicatori che nei loro sermoni hanno incitato all'odio contro i gay. Alle accuse circostanziate del Cemb la moschea avrebbe potuto rispondere con una denuncia per diffamazione, invece di spostare il piano della discussione tirando in ballo l'islamofobia.

Accusare chi denuncia gli omofobi tra le fila musulmane di fomentare l'odio contro i musulmani in quanto tali è un evidente *nonsense*. Se io affermassi che Buttiglione o Adinolfi o Giovanardi sono omofobi nessuno mi accuserebbe di cristianofobia, parola che infatti neanche esiste. E questo perché la critica al cristianesimo è considerata legittima (che non significa necessariamente condividerla, è chiaro, ma riconoscere a chi la fa il diritto di farla e che semmai, se la si vuole contrastare, lo si fa sullo stesso terreno del dibattito pubblico).

L'accusa di islamofobia funziona come "arma di distrazione di massa" insieme a quella del "ma anche": sì, certo, ci sono degli omofobi tra i musulmani "ma anche noi" non scherziamo. Ma quale sarebbe la conclusione di un simile ragionamento? Forse che, poiché "anche noi" non scherziamo, non abbiamo il diritto di criticare "gli altri"? È evidente come questo modo di argomentare riveli un inconsapevole razzismo, che distingue fra "noi" e "loro", mentre se "loro" vivono qui, con "noi", non sono più "loro", fanno parte integrante del "noi" e ciascuno ha il diritto di criticare altri soggetti del "noi" collettivo che costituisce la comunità politica (politica, non identitaria, non religiosa, non etnica: politica, ossia costituita sulla base di un "patto" di convivenza).

L'accusa di islamofobia lanciata a destra e a manca senza distinguo fa perdere di vista, inoltre, i veri islamofobi – ossia coloro che ce l'hanno con i musulmani in quanto musulmani – che ovviamente esistono.

Con la parola islamofobia si fa dell'islam un soggetto meritevole di protezione in sé. Ma soggetti di diritti sono solo le persone, non le religioni e le idee. Il paradosso è che, spostando l'attenzione dalle persone alla fede che professano, le prime diventano degne di protezione in virtù della seconda, dunque in quanto musulmani, cristiani ecc., non più in quanto persone. La conseguenza di questo approccio è che tutti coloro che provengono da paesi musulmani ma che non sono essi stessi musulmani sono d'incanto meno meritevoli di protezione. Lo sperimentano quotidianamente i molti rifugiati atei e apostati che spesso nelle strutture di accoglienza si ritrovano a dover affrontare le stesse forme di discriminazione che subivano nei paesi da cui sono fuggiti.[18]

Mettere insieme, sotto la stessa categoria di islamofobi, i razzisti e gli xenofobi che ce l'hanno con i musulmani in quanto musulmani e chi porta avanti una critica a tutte le religioni in nome dei princìpi universali di democrazia, uguaglianza e diritti umani è un'operazione profondamente ingiusta, intellettualmente disonesta ma soprattutto estremamente pericolosa, che non fa che portare acqua al mulino dei razzisti. E, se è comprensibile che una simile operazione venga sostenuta dai fondamentalisti che hanno solo da guadagnare a ridurre tutto a una questione di razzismo, molto meno comprensibile è che a questo gioco si presti una certa parte di intellettuali sedicenti progressisti e di sinistra. Soprattutto: la presenza di movimenti xenofobi, razzisti e anti-islamici non può costituire un alibi per mettere a tacere qualunque critica all'islam.

Olivier Roy ha costruito tutto il suo libro *Islam alla sfida della laicità* sulla tesi che la società francese sia attraversata da ondate islamofobiche, a cui contribuirebbero sia gli islamofobi veri – ovvero i razzisti *à la* Le Pen – sia, a detta di Roy, tutti coloro che criticano anche da sinistra il multiculturalismo, il comunitarismo e difendono il profilo laico della Repubblica. Roy parla esplicitamente di una "santa alleanza laica"[19] che metterebbe insieme la destra cristiana (che di laico non si capisce bene cos'abbia, a dir la verità) e una parte della sinistra, quella che "si indigna quando i figli degli immigrati ostentano un'identità musulmana", che sarebbero accomunate da sentimenti islamofobici.

Peccato però che le cose non stiano affatto così, visto che questa sinistra accusata di islamofobia da Roy è la stessa che difende la laicità su tutti i fronti, anche (e anzi finora quasi esclusivamente) su quello cristiano,[20] e dunque con la destra cristiana non ha nulla a che spartire. Ed è lo stesso Roy a darcene conferma: "Il fenomeno delle sette [cristiane]," scrive, "preoccupa la società francese e la tentazione di legiferare contro di esse è forte tanto quanto quella nei confronti dell'islam. Le reticenze verso l'islam si inseriscono qui nella continuità di una diffidenza nei confronti della religione"[21]: basterebbe questa semplicissima osservazione a smontare completamente l'idea che ci sia un'ossessione anti-islamica fra chi critica l'islam "da sinistra".

La verità è che in ambito progressista si sta creando attorno all'islam un pericoloso tabù, le cui prime vittime sono ovviamente gli stessi musulmani, che rischiano di passare anch'essi per "islamofobi" quando osano mettere in discussione alcuni dei dogmi e delle pratiche della loro stessa religione.

3.3 *La "questione del velo": quello che non è*

Uno dei temi che più rischiano di diventare, a sinistra, un tabù è indubbiamente la cosiddetta "questione del velo". Per rispondere all'ondata xenofoba e razzista che si sta diffondendo in Europa, e anche in virtù di una sorta di "complesso del colonizzatore", si tende troppo spesso a liquidare la questione del velo come se non ci fosse nulla di cui discutere. Una tendenza alimentata anche dal fatto che spesso essa viene ridotta al dilemma divieto/non divieto, semplificando artificiosamente una questione che invece è complessa e che, per essere affrontata in maniera critica, va "smontata" nelle sue varie componenti. E allora andiamo con ordine, sgombrando subito il campo da alcuni equivoci che inquinano il dibattito e che sono indistintamente diffusi fra tutti i partecipanti, a prescindere dalle posizioni.

Innanzitutto: la "questione del velo", in realtà, non è la questione "del velo". Ossia non è – sarebbe ridicolo se lo fosse – una questione di *dress code*, di abbigliamento, di pezzi di stoffa più o meno colorati avvolti nei modi più diversi sul capo delle donne. Si discute del velo esattamente perché *non* è un semplice pezzo di stoffa, non è (solo) un elemento di un abbigliamento tradizionale, ma è portatore di un significato: è di questo significato che dobbiamo parlare ed è su questo significato che ci si può dividere, non sul pezzo di stoffa.

Ridurre la questione a "divieto sì/divieto no" significa sostanzialmente fermarsi al dato dell'oggetto fisico, ignorandone la "semantica", appellandosi strumentalmente alla libertà individuale di indossare quel che si vuole, come se si trattasse di un qualunque oggetto di consumo o, viceversa, invocando non meglio precisate e spesso inesistenti ragioni di sicurezza per vietarlo *tout court*. Il richiamo alla libertà individuale senza passare attraverso il processo di critica, come vedremo meglio nel prossimo paragrafo, è destinato a produrre solo contraddizioni. Esattamente come, specularmente, il richiamo alla sicurezza, che si rivela efficace solo nei confronti dei veli che coprono integralmente il volto, come il burqa o il niqab, realtà ancora poco diffuse in Europa, mentre è un'arma completamente spuntata rispetto a tutte le altre varianti con cui il velo si presenta.

Ridurre la questione del velo a un problema di libertà di abbigliamento o di sicurezza è ridicolo, oltre che offensivo per chi lo indossa. E infatti non discutiamo affatto di una marea di altri capi di abbigliamento, anche quelli che per noi sono ben più stravaganti, come il kilt scozzese o i variopinti copricapi di molte donne africane. In questione infatti è il significato, non l'oggetto.

Il secondo equivoco da chiarire è che il velo non è (almeno non in questa sede, e non dal punto di vista di una critica progressista) oggetto di discussione in quanto islamico, e questo per due ragioni, una di fatto e una di principio.

La prima, quella di fatto, è che, se è vero che oggi nelle società occidentali a indossarlo sono prevalentemente le donne musulmane, il velo non è una prerogativa dell'islam, ma fa parte della tradizione di molte culture e religioni, anche precedenti all'islam, cristiana inclusa.[22] La seconda ragione, quella di principio, è che, poiché quel che è rilevante ai fini del dibattito pubblico è il significato del velo, il fatto che pertenga a una, a qualcuna, o anche a tutte le religioni o culture, da un punto di vista laico è irrilevante. Il velo diventa una "questione" in quanto portatore di uno specifico significato, a prescindere dal fatto che sia cristiano, musulmano o di altra tradizione. Che il velo non sia un'esclusiva dell'islam non è dunque una ragione in meno, ma semmai una ragione in più per discutere pubblicamente del suo significato e della sua capacità "performativa" dello spazio pubblico che attraversa epoche, culture e latitudini.

Chiarire questo equivoco serve anche a evitare la tentazione di rubricare il dibattito sul velo alla voce razzismo o islamofobia: se il velo non è prerogativa dell'islam, metterne in discussione il significato non ha niente a che vedere con un atteggiamento pregiudiziale e prevenuto nei confronti di una specifica religione ma semmai con la critica a degli elementi culturali che accomunano varie religioni. Il che, per inciso, fa cadere la pregiudiziale secondo la quale "noi occidentali" (qualunque cosa questo significhi) non abbiamo titoli per parlarne perché si tratterebbe di qualcosa che non conosciamo. Che poi ovviamente ci siano razzisti e islamofobi che ce l'hanno con il velo in quanto islamico è un'ovvietà, ma è una ragione in più per distinguere costoro (che, oltre a essere razzisti, sono anche ignoranti dato che, come abbiamo visto, il velo fa parte anche della "loro" tradizione cristiana) da chi propone una critica di merito del significato del velo.

Allo stesso tempo, però, il fatto che oggi in Europa a porre il problema del velo sia sostanzialmente l'islam non può costituire una ragione per non poterlo affrontare in maniera critica e per non poterne dibattere pubblicamente in nome del rispetto nei confronti di una religione ancora minoritaria. Il paradosso è che molto spesso a identificare velo e islam sono proprio i difensori del suo uso che sperano, così facendo, di sottrarre la questione al dibattito pubblico iscrivendola sotto l'etichetta "libertà di religione".

Infine, l'ultimo equivoco da chiarire è che il cosiddetto "dibattito sul velo" sia una peculiarità europea. Anche questo è un tentativo per creare una sorta di tabù attorno alla questione (di cui "noi" occidentali non avremmo diritto di parlare) che invece è estremamente dibattuta, e da secoli, in tutte le società in cui il velo è stato usato, incluse quelle musulmane.[23]

Non è vero dunque che il velo diventa un problema in Europa mentre sarebbe tema del tutto pacifico nel resto del mondo. Semmai è vero che se ne inizia a parlare *anche* in Europa dato che si tratta di una pratica che – progressivamente abbandonata dalla tradizione cattolica e cristiana occidentale – è tornata a diffondersi grazie alla sempre maggiore presenza di donne musulmane che lo indossano.

3.4 *Velo e libertà di scelta*

Molto spesso il dibattito sul velo viene ridotto a quello sulla sua obbligatorietà o meno. Se il velo è indossato liberamente, se non c'è costrizione, allora – si sostiene – non c'è neanche un problema di cui discutere. Si tratta però di un modo per aggirare la questione, per due motivi: innanzitutto perché bisogna capire cosa voglia dire in questo contesto "libera scelta", "autodeterminazione", "assenza di costrizione"; in secondo luogo – e lo vedremo nel prossimo paragrafo – perché, anche quando tutti i presupposti (e sono tanti!) di una scelta davvero libera sono soddisfatti, rimane da discutere il significato del velo e il suo "ruolo" pubblico. Andiamo con ordine.

Se qualcuno negli anni cinquanta avesse svolto un sondaggio fra le casalinghe italiane, avrebbe probabilmente scoperto che la stragrande maggioranza di loro si dichiarava felice di non lavorare e sosteneva che nessuno le costringeva a stare in casa, che quella di fare la casalinga era una loro "libera scelta". Di fronte a simili dichiarazioni delle dirette interessate, della cui sincerità non possiamo dubitare, che diritto si avrebbe avuto di mettere in discussione quel modello familiare e sociale che tanto bene aveva funzionato per secoli? È del tutto evidente che la soggettiva percezione del proprio grado di autonomia e libertà (e persino del proprio livello di felicità) ci dice poco o niente sulle condizioni oggettive in cui le persone si trovano a compiere le proprie scelte.

È stato Amartya Sen a distinguere molto nettamente il benessere dalla felicità[24] e, se soggettivamente ciascuno persegue la propria felicità – la cui strada può passare anche, a causa di complicati meccanismi psicologici, attraverso l'accettazione di alcune oggettive condizioni di oppressione o sottomissione –,[25] dal punto di vista del dibattito pubblico, e più ancora delle scelte politiche, quel che conta sono le condizioni materiali e immateriali nelle quali le persone compiono le loro scelte.

L'argomento "nessuno mi costringe, lo faccio per libera scelta" da solo, dunque, è un po' poco perché, affinché questa libertà sia il più possibile autentica, è necessaria una serie di condizioni, a partire dall'educazione. Se fin da piccoli si è cresciuti come se esistesse un solo orizzonte di senso, è estremamente difficile affrancarsene da adulti. È arduo, per esempio, definire autenticamente libera la scelta della stragrande maggioranza degli italiani di definirsi "cattolici" quando fin dalla più tenera infanzia sono stati indottrinati e cresciuti come se l'unico orizzonte di senso fosse quello proposto dalla Chiesa cattolica, la cui presenza nella vita dei bambini è enorme. Si pensi anche solo al catechismo, a cui spesso i bambini sono sostanzialmente "costretti", o all'insegnamento della religione cattolica a scuola che – lo ricordiamo ancora una volta – è un insegnamento confessionale in quanto, a prescindere dall'eventuale buona volontà o apertura dei singoli insegnanti, deve essere, per legge, conforme alla dottrina della Chiesa.[26] E chi da adulto se ne allontana paga un prezzo, in termini di dissidi sociali e familiari e di conflitti interiori, talvolta molto alto. Lo stesso ragionamento vale per il velo: una bambina che lo indossa fin dai sette-otto anni farà una gran fatica a toglierselo quando diventerà grande e ovviamente sosterrà (e sarà vero!) che nessuno glielo impone con la forza, che si tratta di una sua "libera scelta".

Di recente in Austria si è dibattuto sulla proposta di introdurre il divieto del velo per le bambine al di sotto dei dieci anni. Si può ovviamente discutere se un divieto per legge sia uno strumento adatto, ma quel che pare indiscutibile è che, parlando di bambine, non ha davvero alcun senso parlare di scelta "libera". "Cosa c'è di 'volontario' in una tale scelta," si chiede il teologo musulmano Mouhanad Khorchide, "se alle bambine viene detto: 'Dio ama solo le bambine che portano il velo. E adesso decidi tu se vuoi che Dio ti ami oppure no'? O ancora: 'Alle bambine che non portano il velo Dio brucerà i capelli all'inferno. E adesso decidi tu se vuoi il velo o no'. Oppure: 'Una bambina che porta il velo è una brava bambina, molto più di una che non lo porta. E adesso decidi tu' e così via".[27] È chiaro che a quell'età i ricatti emotivi funzionano molto meglio di qualunque coercizione fisica.

Quello che dovremmo garantire a tutti i bambini – tutti, senza distinzione – è un'educazione e un'istruzione il più laica e critica possibile, in maniera che le loro scelte da adulti siano, per quanto umanamente possibile, libere non solo da costrizioni fisiche ma anche da condizionamenti stratificati nel tempo. Dovremmo creare un sistema educativo tale per cui le proprie scelte autonome non siano scelte da eroi ribelli ma la naturale conseguenza del proprio processo di maturazione e crescita.

Coloro a cui sta a cuore la libertà di scelta religiosa – incluse, anzi, soprattutto, quelle donne che rivendicano la scelta di portare il velo come atto di libertà – dovrebbero dunque essere in prima fila nella difesa della scuola pubblica e laica, nella battaglia per l'abolizione dell'insegnamento della religione e in quella per il divieto di imporre simboli e pratiche religiose ai minori. I bambini non possono diventare strumento di espressione delle credenze religiose dei loro genitori: presumere che la fede si "erediti" come il colore degli occhi è infatti una grave forma di restrizione della libertà e dell'autonomia dei bambini.

Nel commentare alcuni casi di studentesse che in Francia rivendicano il loro diritto di andare a scuola con il velo, Seyla Benhabib scrive: "Ci troviamo di fronte a una situazione paradossale, in cui lo Stato francese interviene a dettare un'autonomia e un'uguaglianza nella sfera pubblica maggiore di quella cui le stesse ragazze velate sembrano ambire".[28] Ma non è affatto un paradosso! "Dettare un'autonomia e un'uguaglianza maggiore" di quella a cui molto spesso i ragazzi in generale – per conformismo, per immaturità, per desiderio di sfida o per mille altri motivi – ambiscono è uno dei compiti fondamentali della scuola pubblica, che ha esattamente l'obiettivo di fornire a tutti i bambini – quale che sia il loro retroterra sociale, economico, culturale – gli strumenti per la propria emancipazione. Nei quartieri più difficili delle grandi città dell'Italia del Sud insegnanti coraggiosi – veri eroi repubblicani – vanno anche di casa in casa a prendere i bambini delle famiglie più disagiate che, per le ragioni più diverse (talvolta per una disperata condizione economica), non vengono mandati a scuola: l'educazione dei ragazzi ha priorità assoluta, su tutto. E non è un caso che proprio la scuola pubblica sia uno degli obiettivi privilegiati di ogni fondamentalismo.

Dunque, nessun paradosso: è esattamente quello che deve fare e continuamente fa la scuola pubblica in molti altri ambiti. Lo stesso principio dell'obbligo scolastico rappresenta una pesantissima limitazione della libertà educativa delle famiglie (alla quale infatti, non a caso, spesso si appellano i gruppi religiosi fondamentalisti, a partire da quelli cattolici come l'Opus Dei). Ciò che invece è paradossale è usare il pretesto della libertà religiosa e del rispetto delle altrui tradizioni per "consacrare una tutela comunitarista o familiare"[29] sui bambini. Il punto, è evidente, è che quando il ruolo emancipatore della scuola pubblica mette in discussione le "nostre" tradizioni e culture, i progressisti esultano; quando in questione, invece, sono usi e tradizioni di minoranze, si innesca il riflesso condizionato del "complesso del colonizzatore", e ci si ritrae.

La stessa Martha Nussbaum, che non può certo essere accusata di essere mossa da sentimenti antireligiosi, ammette: "Le società hanno senz'altro il diritto di pretendere che tutte le bambine ricevano un'educazione adeguata e opportunità di lavoro che permettano loro di uscire da qualsiasi situazione domestica in cui non si trovino a proprio agio".[30] Però, se si vuole essere coerenti, questo implica scuole pubbliche, laiche, gratuite e obbligatorie per tutti fino almeno ai sedici-diciotto anni, nessun velo, nessuna croce o qualunque altro simbolo religioso, nessun insegnamento confessionale e via di questo passo: tutte condizioni su cui dubito che Nussbaum concorderebbe.

La filosofa statunitense ritiene lecito da parte dello Stato introdurre limitazioni alle pratiche religiose e tradizionali "in presenza di un abuso fisico e/o sessuale [...] e nei casi in cui il comportamento in questione costituisca un grosso rischio per la sicurezza e la salute del corpo".[31]

Con questo argomento Nussbaum ritiene giustificabile l'intervento dello Stato nei confronti dei testimoni di Geova che rifiutano le trasfusioni di sangue ai loro figli o per rendere illegale "la mutilazione genitale femminile praticata sulle minorenni se avviene in una forma che pregiudica il piacere sessuale o altre funzioni corporee".[32] Tutti argomenti che non si applicherebbero però al burqa (stiamo sempre parlando di minori) che, spiega Nussbaum, "non appartiene alla stessa categoria della mutilazione genitale, dal momento che non è irreversibile e non mette a rischio la salute né compromette altre funzioni corporee – certamente non quanto possono fare un paio di tacchi alti".[33]

Quindi, se ne deduce che per Nussbaum, non solo il velo, ma addirittura il burqa sarebbe accettabile per le minori, ignorando completamente, oltre agli effetti sulla salute fisica (che non mancano), la capacità di plasmare la personalità e di condizionare lo sviluppo psicologico che una pratica del genere imposta fin da piccole può avere.

3.5 *Il significato del velo e il suo uso politico*

Anche se tutte le condizioni per una scelta libera dovessero essere soddisfatte, i problemi posti dalla pratica del velo non sarebbero completamente eliminati. E questo perché, come abbiamo accennato, quella del velo non è riducibile a una questione di abbigliamento e dunque di libertà di indossare ciò che si vuole. Il problema posto dal velo ha a che fare con il suo significato, con il messaggio che si porta appresso e che letteralmente *mostra* al mondo. Anche chi difende la libertà individuale come fondamento di legittimità di ogni scelta in realtà non ammetterebbe proprio *qualunque* scelta. C'è sempre un qualche limite normativo e chi accetta la scelta "x" lo fa perché pensa che sia positiva o, quanto meno, che non abbia effetti negativi tali da renderla indesiderabile. Insomma, anche dietro la più formalistica delle difese del velo c'è, più o meno consapevolmente, un'assunzione normativa e sostantiva sul significato del velo medesimo.

E allora cerchiamo di capire quale sia questo significato e perché esso (il significato, non il velo) ponga dei seri problemi a una prospettiva etico-politica progressista. Scrive Paolo nella Prima lettera ai Corinzi (11,3-10): "Voglio però che sappiate che di ogni uomo il capo è Cristo, e capo della donna è l'uomo, e capo di Cristo è Dio. Ogni uomo che prega o profetizza con il capo coperto manca di riguardo al proprio capo. Ma ogni donna che prega o profetizza senza velo sul capo manca di riguardo al proprio capo, poiché è lo stesso che se fosse rasata. Se dunque una donna non vuol mettersi il velo, si tagli anche i capelli! Ma se è vergogna per una donna tagliarsi i capelli o radersi, allora si copra. L'uomo non deve coprirsi il capo, poiché egli è immagine e gloria di Dio; la donna invece è gloria dell'uomo. E infatti non l'uomo deriva dalla donna, ma la donna dall'uomo; né l'uomo fu creato per la donna, ma la donna per l'uomo. Per questo la donna deve portare sul capo un segno della sua dipendenza a motivo degli angeli".

Il corpo della donna come portatore di peccato è una delle grandi narrazioni su cui si è formato per secoli l'immaginario collettivo di molte culture,[34] e coprirsi il capo è sempre stato legato ai concetti di modestia, dignità, onorabilità. La donna è tentatrice, dunque il suo corpo va nascosto, coperto, non mostrato per non tentare l'uomo, per non risvegliarne i demoni.

Se è vero, come abbiamo già argomentato, che il

velo non è sempre segno di coercizione e che non è raro il caso di donne che scelgono di indossarlo in piena libertà, il suo significato è comunque sempre legato al concetto di modestia. E la cultura della modestia è l'altra faccia della medaglia della cosiddetta "cultura dello stupro": se è necessario coprire il proprio corpo per non risvegliare i demoni maschili, se ne deduce che chi non lo fa si dichiara automaticamente disponibile a subire le conseguenze di questo suo comportamento, conseguenze che possono giungere fino a giustificare molestie e violenze da parte degli uomini. La cultura della modestia è anche l'altra faccia di una misera considerazione dell'uomo, visto come un essere incapace di controllare i propri istinti e dunque irresponsabile delle proprie azioni quando viene tentato.

Il velo richiama poi – anche quando è scelto in maniera del tutto libera – la segregazione fra i sessi: nella tradizione islamica, per esempio, solo gli uomini che sono per una donna *mahram* – sostanzialmente i parenti più stretti – possono vederla senza velo, davanti agli altri la donna deve coprirsi. Con tutte le conseguenze che ciò comporta: è questa la ragione per cui vengono avanzate richieste di orari separati nelle piscine, per fare un solo esempio.

È del tutto ovvio che ciascuna donna possa soggettivamente "risignificare" il velo a proprio piacimento,[35] ma nel farlo non può ignorare che sta comunque utilizzando un simbolo carico di storia e significato. Persino il fatto che, nel corso della storia, le donne abbiano utilizzato il velo per metterne in discussione il suo stesso significato[36] non fa che dimostrare che, appunto, quel "pezzo di stoffa" non è affatto un semplice pezzo di stoffa, ma è portatore di un preciso messaggio. Una delle strategie adottate dalle donne nei contesti in cui il velo è loro imposto, per esempio, è acconciarlo in modo tale da farlo diventare elemento di seduzione, dunque esattamente il contrario del suo significato originario: un modo fantasioso e creativo per aggirare l'imposizione che conferma il significato proprio di quel "pezzo di stoffa".

Anche se dunque tutte le condizioni per una scelta libera sono rispettate, dal punto di vista laico e progressista è lecito, anzi doveroso, rivendicare il diritto di combattere il modello culturale che sta dietro quella scelta. Il ragionamento è perfettamente applicabile a svariate circostanze e non si limita naturalmente al velo: immagino che chi si flagella in alcune orribili tradizioni pagano-cristiane che si svolgono, specie nell'Italia del Sud, durante la settimana di Pasqua, lo faccia in piena e completa libertà. Anzi, spesso ne va molto orgoglioso. Questo non modifica di una virgola il diritto di sostenere che si tratta di tradizioni barbare, che andrebbero – queste sì – vietate *tout court* in quanto espressione di una religiosità brutale e arcaica.

Non basta dire infatti che ognuno è libero di fare quel che vuole, perché le nostre scelte contribuiscono a plasmare lo spazio e il discorso pubblico, il che dà a ciascuno il diritto di "ficcare il naso", come direbbe Nussbaum, nelle scelte degli altri. Ogni atto di libertà implica una corrispondente responsabilità, mentre il generico e superficiale appello alla propria libertà di scegliere senza porsi il problema della responsabilità collettiva, in senso lato politico, che ogni nostra scelta si porta appresso va a braccetto con una concezione individualistica ed egoistica della libertà, che ignora la propria responsabilità nei confronti del resto della società.

Un'ulteriore ragione per la quale la pratica del velo può essere messa in discussione è che essa sta diventando sempre più, grazie alla sua capacità "performativa" dello spazio pubblico, uno strumento politico.

Tutti i movimenti politici hanno sempre fatto un uso molto consapevole del potere performativo degli atti individuali nello spazio pubblico. Rivendicare pubblicamente di aver abortito quando l'interruzione di gravidanza era illegale, le manifestazioni del Gay Pride, il semplice gesto di sedersi nei posti riservati ai bianchi su un autobus negli Usa degli anni cinquanta: sono tutti atti politici, questi, che vanno al di là della mera rivendicazione individualistica della libertà di fare quel che si vuole. Ma l'uso consapevole della performatività politica di gesti solo apparentemente individuali è comune a tutti i movimenti politici, anche quelli conservatori e reazionari. All'epoca della vicenda di Eluana Englaro vennero organizzate davanti alla clinica in cui era ricoverata veglie di preghiera in cui i partecipanti portavano una bottiglietta d'acqua e la appoggiavano sul muretto davanti alla clinica: portare una bottiglietta d'acqua non è ovviamente vietato, e neanche appoggiarla su un muretto. Ma il valore politico di quel gesto in quel preciso contesto era noto a tutti.

Anche l'islam politico fa un uso molto consapevole del potere performativo dei gesti compiuti in pubblico, incluso l'uso del velo. I movimenti politico-religiosi, spiega Jocelyne Cesari, "mirano al contempo al potere e alla risacralizzazione dello spazio pubblico".[37] La stessa studiosa avverte che in Francia è in atto un vero e proprio "processo di islamizzazione"[38] e che indossare abiti "islamici" è un segnale rivolto sia all'esterno che all'interno.[39] Ruba Salih conferma: "Le donne sono viste come fondamentali nella battaglia per islamizzare la società, in particolare per arginare il processo di occidentalizzazione. [...] L'islamizzazione della società passa attraverso la condotta e le forme di abbigliamento delle donne, che divengono specchio e simbolo dello stile di vita islamico".[40] "L'islam politico," scrive a sua volta Nilufer Göle, "sfida i confini dello spazio pubblico, spezzando la sua omogeneità e puntando a una islamizzazione degli stili di vita e dei comportamenti."[41]

È forse il caso di precisare che il problema dell'islamizzazione non sta affatto nella minaccia che essa eventualmente rappresenterebbe per la cristianità, ma in quella che rappresenta – come tutti i fondamentalismi, inclusi quelli cristiani – per la democrazia. E allo stesso modo e con la stessa determinazione da un punto di vista progressista vanno respinti sia i tentativi di "cristianizzazione" dello spazio pubblico (portati avanti, come abbiamo visto, da fondamentalisti cristiani un po' in tutto il mondo), [42] sia quelli di islamizzazione.

Tutto questo non significa certo che ogni donna che indossa il velo sia *tout court* una fondamentalista, tutt'altro. Indossare il velo per molte donne musulmane sta diventando una forma di affermazione identitaria che spesso nulla ha a che fare con i movimenti islamisti. Ciò non toglie che il modo di occupare lo spazio pubblico delle donne che portano il velo sia – più o meno intenzionalmente – funzionale alla narrazione islamista. Ciascuno di noi, con le proprie scelte, con il proprio comportamento, con il proprio modo di vestire, di relazionarsi con gli altri, di occupare lo spazio pubblico, è spesso strumento inconsapevole di obiettivi politici altrui. Ed è proprio compito del pensiero critico cercare di svelare questi meccanismi per prenderne consapevolezza.

È dunque importante, e indispensabile, discutere pubblicamente del velo per il suo valore performativo e in senso lato politico di costruzione dello spazio pubblico, dell'immaginario collettivo, che va oltre la semplice "libertà individuale". Esattamente come è un atto politico togliersi il velo in un paese in cui è obbligatorio indossarlo – come stanno dimostrando le donne iraniane in questi ultimi mesi[43] – lo è indossarlo in un paese, come la Francia per esempio, che ha fatto della neutralità dello spazio pubblico un tratto fondamentale della propria identità: "Il potere passa attraverso la visibilità delle 'donne velate'". Così la giornalista canadese Djemila Benhabib a commento dell'Hijab Day organizzato il 20 aprile 2016.[44] Da questo punto di vista non c'è alcun dubbio che l'islam rappresenti oggi una "sfida alla laicità", come recita il titolo del libro di Olivier Roy che più volte abbiamo citato.

3.6 *Divieto o non divieto: non è questo il problema*

Pretendere di affrontare tutto questo con la logica binaria del divieto/non divieto è estremamente riduttivo. Proibire è solo uno dei tanti strumenti a disposizione della politica per raggiungere i propri obiettivi, e non è detto che sia sempre quello più utile, anzi. Per fortuna esiste un'ampia gamma di comportamenti che non sono sottoposti a vincoli giuridici e che tuttavia sono/devono poter essere continuamente oggetto di dibattito pubblico, su cui si è liberi di esprimere approvazione o disapprovazione, attorno ai quali si ragiona su quali possano essere le misure culturali, politiche, amministrative più adeguate per scoraggiarli o incoraggiarli a seconda del proprio obiettivo.

Come scrive Rodotà: "Non tutto deve essere tradotto in regole vincolanti, la politica non può identificarsi solo con norme di divieto, la stessa regolazione sociale conosce tecniche diverse".[45] Spostare tutto sul piano del diritto, del vietare/non vietare, deforma il dibattito pubblico, appiattendo e semplificando questioni che sono complesse. Nel caso specifico del velo, per esempio, la risposta è: dipende. Ci sono dei casi in cui il divieto del velo può essere non solo giustificato, ma anche auspicabile: per esempio, nel caso delle funzionarie pubbliche, delle insegnanti e delle minori.

C'è una gran differenza se a indossare il velo sono delle private cittadine o delle funzionarie pubbliche nell'esercizio delle loro funzioni. Per non parlare poi delle insegnanti, che svolgono un ruolo centrale nella formazione dei bambini (formazione che, come abbiamo argomentato sopra, non può che essere laica e critica se si vuole garantire piena autonomia e libertà): gli insegnanti non sono completamente liberi, hanno scelto un mestiere che li investe di una responsabilità pubblica.

Un divieto totale e generalizzato invece non è ammissibile. Innanzitutto è evidente che – fatto salvo quello di coprire il volto e alcuni divieti circostanziati citati sopra – proibire per legge di indossare il velo a chi ha liberamente scelto di farlo è insensato e illiberale. Ma, in secondo luogo, un divieto generalizzato sarebbe doppiamente ingiusto nei confronti di quelle donne che, invece, quotidianamente devono sopportare la pressione della loro famiglia e della loro comunità affinché portino il velo: queste donne sono i soggetti da tutelare e non certo quelli da vessare ulteriormente con un obbligo. Provvedimenti di divieto indiscriminati, poi, danno ai fondamentalisti il pretesto per appellarsi, paradossalmente, alle tipiche libertà liberali e forniscono loro argomenti per alimentare la retorica di vittime dell'oppressore occidentale; infine, servono solo a scaricarsi la coscienza, pensando che vietare risolva tutti i problemi.

Essere contrari al divieto generalizzato del velo non può però, con un gioco di prestigio, essere interpretato come una sua passiva accettazione.

Nel 2016 hanno fatto molto discutere i decreti municipali di alcune città francesi che vietavano l'accesso alle spiagge con abiti "non idonei". Pur non citandolo esplicitamente, l'oggetto del contendere era l'uso del *burkini*, il costume da bagno conforme alle prescrizioni islamiche che copre interamente la donna da capo a piedi. Si tratta di un caso paradigmatico che mostra i limiti di un approccio esclusivamente giuridico alla questione: le norme coercitive infatti, una volta emanate, vanno applicate e tutti abbiamo impresse nella mente le intollerabili immagini dei vigili che ingiungevano alle donne con il *burkini* di spogliarsi.

Nel dibattito che è seguito non è mancato chi ha sostenuto la tesi che il *burkini* fosse lo strumento grazie al quale molte donne avevano accesso allo spazio pubblico, altrimenti a loro proibito. Un approccio che ignora la forte valenza performativa dei gesti e che sottovaluta il fatto che, proprio in virtù di essa, la normalizzazione dell'uso del velo o del *burkini* non fa che rafforzare all'interno di alcune comunità il potere degli uomini nei confronti delle donne. "Consentire di portare il *burkini*," osserva l'attivista per i diritti umani iraniana Mina Ahadi, da più di quarant'anni in esilio in Germania, "lungi dall'essere per le donne musulmane un'occasione di uscire finalmente da casa, avrà come conseguenza che tante donne di famiglie musulmane in Europa da molti anni, che fino a oggi andavano a nuotare tranquillamente in costume, subiranno sempre maggiori pressioni per indossare il *burkini*. Questa storia," continua Ahadi, "la conosciamo molto bene: è esattamente quello che è accaduto in Iran quarant'anni fa, quello che è accaduto in Afghanistan e quello che sta accadendo in Turchia oggi."[46]

Se dunque non c'è dubbio che, "in contesti in cui le opzioni disponibili per le donne sono estremamente ridotte e il lavoro fuori di casa non garantisce piena protezione per sé e per i figli, le donne possono assumere attivamente comportamenti e simboli che enfatizzano la propria modestia e rispettabilità",[47] una tale constatazione non può tradursi in una passiva accettazione dello *status quo*: contro quelle condizioni bisogna combattere, non possono certamente essere accettate fatalisticamente. Un simile discorso è molto scivoloso perché, se in un determinato contesto le donne – per quanto "attivamente" – sono comunque "costrette" dalle condizioni economiche, sociali, culturali a enfatizzare la propria "modestia e rispettabilità" con il velo, chi non lo indossa rischia di essere considerata "donna poco modesta e rispettabile". Questo argomento è analogo a quello per il quale, dalla constatazione che, di fatto, spesso è pericoloso per le donne uscire da sole di notte, si fa discendere la considerazione che è meglio che non lo facciano. Piuttosto che lavorare per rendere le strade sicure per le donne a qualsiasi ora del giorno e della notte, si accetta supinamente una situazione di fatto come se fosse un destino.

È necessario dunque tenere separati i due livelli del

discorso. Di fronte al caso specifico di una donna per la quale il velo può essere, nei fatti e nelle condizioni in cui si trova a vivere, un modo per uscire dalle mura domestiche e affacciarsi nello spazio pubblico, è chiaro che questa donna va sostenuta e non ulteriormente vessata con divieti, ma *allo stesso tempo* è indispensabile portare avanti la battaglia culturale e politica contro la cultura della modestia e i suoi simboli.

Proviamo a spiegarci meglio con un'analogia: se un lavoratore è sfruttato sul lavoro ma non lascia quel lavoro perché è la sua unica fonte di reddito, è ovviamente sacrosanto sostenere in tutti i modi quello specifico lavoratore senza sindacare sulla scelta personale di non lasciare quel lavoro. Questo però non toglie che *allo stesso tempo* sia doveroso battersi perché quello sfruttamento venga innanzitutto riconosciuto come tale e poi combattuto.

Se da un lato, quindi, non è possibile né desiderabile vietare *tout court* il *burkini*, dall'altro è non solo legittimo ma fortemente auspicabile, sulla base del principio di non segregazione, vietare che gli impianti sportivi riservino la piscina in certi orari solo alle donne, per esempio, o impedire che le scuole tengano lezioni di ginnastica o di scienze separate per maschi e femmine: concessioni, queste, che non farebbero che incentivare la segregazione dei generi. Si tratta dunque di portare avanti con grande nettezza politiche attive, innanzitutto culturali, per contrastare una deriva che rischia silenziosamente di farci accettare l'inaccettabile.[48]

Martha Nussbaum sostiene che lo Stato deve astenersi il più possibile dall'interferire con le scelte religiose e culturali dei suoi cittadini e che può intervenire solo in presenza di un "interesse preminente di Stato", come quello per la sicurezza pubblica oppure quello "a non corroborare forme di razzismo".[49]

Ma è un "interesse preminente di Stato" anche la perfetta parità fra uomini e donne? Se la risposta è sì, non si può che essere contrari alla segregazione di genere in qualunque sua forma. Se invece si sostiene l'accettabilità di piscine e lezioni scolastiche separate, allora si venga allo scoperto e si ammetta di volere una società misogina e patriarcale. Quello che è inaccettabile è appellarsi ai diritti umani e alla libertà individuale per giustificare la segregazione di genere.

A proposito dell'uso del velo da parte di alcune studentesse in Francia, Benhabib scrive: "La mia previsione è che sarà solo questione di tempo affinché il sé pubblico di queste donne che stanno imparando a rispondere allo Stato rimetta in discussione anche il significato delle stesse tradizioni islamiche nel cui nome esse lottano attualmente".[50] Anch'io ne sono abbastanza convinta. Ma poiché non sono una determinista e non credo che le cose accadano per destino, sono anche convinta che questo possa avvenire solo se teniamo alto il livello del dibattito culturale e non accettiamo tabù.

4. L'aporia dell'identità

> "L'identità non è un pezzo da museo, calmo e tranquillo nella teca di vetro, ma la stupenda sintesi che ogni giorno si compie delle nostre contraddizioni."
>
> Eduardo Galeano, *Il libro degli abbracci*.

4.1 *Il bisogno identitario*

"Identità" è una delle parole più usate e abusate del nostro tempo. Non c'è dubbio che la fine della Guerra fredda abbia segnato anche la fine della contrapposizione ideologica aprendo il vaso di Pandora delle rivendicazioni identitarie. Samuel Huntington, l'inventore della famigerata formula dello "scontro delle civiltà", ha intuito che alla domanda "da che parte stai?" se n'è sostituita un'altra, ben più fondamentale: "chi sei?",[1] compiendo però l'errore di partecipare egli stesso all'"orgia identitaria"[2] che caratterizza la nostra epoca, invece di prenderne le distanze, di chiedersi come e perché si sia sviluppata e di elaborare gli strumenti concettuali per superarla.

Una cosa è, infatti, la presa d'atto e l'analisi di un fenomeno sul piano antropologico, sociologico, storico; un'altra assumerlo come inevitabile orizzonte dell'azione. In questo secondo caso entra in gioco una precisa scelta etico-politica, che non si può far derivare deduttivamente dalla constatazione di un fenomeno. In altri termini, una cosa è constatare il rigurgito identitario che caratterizza la nostra epoca; un'altra auspicare politiche identitarie per affrontarlo.

Quel che sorprende è che il richiamo a politiche

identitarie non viene soltanto, come ci si aspetterebbe, da destra. La fascinazione per l'identità ha ammaliato anche molta parte della sinistra, che ha smarrito l'orizzonte universalista e, appunto, anti-identitario che le si confarrebbe. Anche a questo c'è una possibile spiegazione, legata probabilmente alla delusione per il fallimento di ogni sogno rivoluzionario che ha caratterizzato il Novecento, una sorta di riflusso nelle piccole (e illusorie) certezze identitarie che segue alla delusione di non essere riusciti a cambiare il mondo.

La crisi delle ideologie o, per usare le parole di Marcel Gauchet, la "crisi del credibile"[3] ha lasciato i più orfani di un orizzonte di senso universale, inducendo molti – a destra come a sinistra – a tentare di rintracciarne uno in prospettive ben più limitate. Nell'epoca della modernità liquida, tramontata ogni causa comune per cui impegnarsi e combattere, ci si ripiega in quelli che Bauman definisce degli "spettacoli": eventi, occasioni in cui individui per molti aspetti diversi fra loro si riconoscono per il tempo, appunto, di uno spettacolo, illudendosi di fare così comunità.[4]

Eppure, il fatto che questo ritorno alle identità sia così diffuso è anche sintomo che abbiamo a che fare con un bisogno primario. D'altronde, anche nell'epoca delle forti passioni politiche, cosa rappresentava dal punto di vista esistenziale l'adesione a un'ideologia, se non innanzitutto la possibilità di riconoscersi in una causa che forniva, appunto, una precisa identità? La differenza sta proprio nell'orizzonte più o meno universale in cui si cerca di soddisfare questo bisogno.

Quel che è certo, ad ogni modo, è che c'è nel nostro tempo una diffusa richiesta di riconoscimento della "propria" identità, ma che cosa esattamente questo significhi è arduo da stabilire. Tutti parlano di identità, ma nessuno sa esattamente che cosa sia. È inafferrabile, il che non significa necessariamente che sia un concetto vuoto, ma semplicemente che non si lascia *de-finire*. Ogni volta che si prova a farlo non si trova, era lì un attimo fa, ma non appena si punta la luce, si è già spostato altrove. È un qualcosa di indefinibile perché troppo sensibile a ogni minima oscillazione attorno a sé: basta che cambi il contesto, o anche solo alcuni elementi di esso, ed ecco che quella che ci appariva come una solida identità muta in maniera quasi irriconoscibile.

L'identità dunque c'è finché non la si definisce. Non appena si prova a farlo, esplode fra le mani, non si lascia imbrigliare, è recalcitrante. Questo non significa che non esista un qualcosa che ci rende capaci di riconoscerci, ma che questo qualcosa è molto più dinamico, sfuggente, letteralmente *in-definibile* di quello che pensiamo. Piaccia o no, l'identità è un vissuto, non un elenco di caratteristiche da "ce l'ho, mi manca".

Una parola dunque da maneggiare con grande cautela, da riservare alle occasioni speciali, esattamente il contrario di quel che avviene di questi tempi, in cui viene brandita come un oggetto contundente, per difendere un certo territorio o per attaccare chi si pensa altro da sé.

Si tratta infatti di una di quelle parole – molto frequenti in ambito sociale e politico – che ciascuno riempie dei contenuti che più gli aggradano, connotandola di toni che vanno dall'esaltazione acritica alla condanna pregiudiziale. Così stando le cose, dunque, è chiaro che l'identità non può essere uno strumento di analisi della realtà sociale e politica e che il suo uso da parte dei soggetti che la rivendicano deve essere esso stesso oggetto di analisi, in quanto fenomeno sociale e politico di cui val la pena indagare origini e forme.[5]

L'antropologo Francesco Remotti, nel suo *L'ossessione identitaria*, distingue il piano dell'azione dei soggetti sociali che usano il concetto di identità per scopi politici e ideologici da quello analitico degli antropologi, politologi, sociologi che devono spiegare questi fenomeni: "L'identità appartiene al livello delle rappresentazioni sociali, in quanto è un formidabile strumento di stabilizzazione, ma non è detto che per questo debba far parte della cassetta degli attrezzi di coloro che hanno intenzione di indagarle".[6]

L'identità, dunque, non è tanto uno strumento per spiegare ma un oggetto da spiegare e il motivo per cui per Remotti si tratta di un concetto inservibile in termini analitici è il suo intrinseco e irrisolvibile carattere di aporia: "L'identità è la forma estrema di rivendicazione dell'unità da parte dei soggetti – individuali e collettivi – che invece sono contrassegnati al loro interno da un'inesorabile molteplicità".[7] Remotti invita quindi a rinunciare al concetto di identità, perché tutti i tentativi di edulcorarlo (ricorrendo a espressioni come identità fluide, liquide ecc., che egli chiama "piccoli mostri concettuali") ne rivelano "l'intrinseca inadeguatezza" come strumento di indagine.[8]

L'argomentazione di Remotti è però parziale perché – come lui stesso concede[9] – si riferisce alle identità collettive e non a quelle individuali o personali. In questo secondo caso, forse, val la pena mantenere il concetto di identità perché quella "rivendicazione dell'unità" è un bisogno primario di ciascun individuo. Quel che importa, ovviamente, è come si tenta di soddisfare questo bisogno, perché un conto è la quotidiana fatica di compiere quella "stupenda sintesi delle nostre contraddizioni" a cui ci invita Eduardo Galeano, un altro è che questo bisogno di unità venga soddisfatto con l'imposizione esterna di un "set" di caratteristiche predefinite. Dunque il problema non è il bisogno personale di identità, la rivendicazione dell'unità del soggetto individuale in sé, ma il modo in cui lo si soddisfa e, soprattutto, il modo in cui si pretende che venga soddisfatto dagli altri.

4.2 *Dall'individuo al gruppo e viceversa: i percorsi dell'identità*

Si può parlare di identità, dunque, in riferimento a due tipologie di soggetti: individuali (singole persone in carne e ossa) e collettivi (gruppi). Sebbene i due livelli non di rado si intersechino – dato che nella composizione della mia identità individuale io "pesco" da un "set" di caratteristiche che mi vengono offerte da una o più identità collettive e che io uso per "identificarmi" con un gruppo –, val la pena tenerli analiticamente separati perché questo ci consente di individuare due paradigmi profondamente diversi. Il primo – che chiameremo il paradigma dell'autonomia – ha come punto di partenza l'individuo: è la singola persona che, in autonomia appunto, "sceglie" fra le diverse opzioni che il contesto sociale in cui vive le offre quelle che più le si addicono, componendo il proprio personale, unico e irripetibile patchwork, un percorso in cui è libera e autonoma.[10] Il paradigma opposto – quello dell'eteronomia – definisce una volta per tutte in maniera chiusa le caratteristiche di una data identità collettiva e pretende che solo chi le soddisfi tutte possa definirsi a pieno titolo membro del gruppo, trasformando automaticamente in eretici tutti coloro che se ne allontanano.

Mentre il primo paradigma è multidirezionale, anarchico, libertario, accogliente, complesso, cangiante, plastico, predispone a continui aggiustamenti per far in qualche modo convivere le diverse componenti della propria identità e prevede che la "sovranità" sia in capo al singolo individuo che la "sceglie", il secondo produce compartimenti stagni, impone un'identità dall'alto (e dall'altro), è monodirezionale, autoritario, escludente, impositivo, definitorio, semplificatorio, riduttivo, rigido in quanto crea incompatibilità anziché ricercare relazioni.

Assumere l'uno o l'altro paradigma ha conseguenze sociali e politiche assai rilevanti, e purtroppo molto spesso anche in campo sedicente progressista si sposa il secondo paradigma, che si porta appresso il pericolosissimo concetto di "autenticità", in base al quale si pretende di distribuire etichette a seconda della maggiore o minore adesione di ciascun soggetto individuale a un presunto "modello" ideale, autentico appunto, di una determinata identità collettiva.

Chi si muove nel paradigma essenzialista dell'eteronomia considera le "culture" dei monoliti con precise caratteristiche, che si presumono immutabili nel tempo. Si tratta, infatti, di un approccio del tutto astorico: c'è stato un tempo passato, mitico, in cui una fantomatica identità si è formata, ed è quella che fa fede. I mutamenti che quotidianamente continuano ad accadere sono solo impurità da rimuovere.[11]

Per il paradigma eteronomo le culture non sono tanto l'insieme delle mutevoli rappresentazioni che i vari gruppi hanno, in determinate circostanze e in un preciso tempo storico, quanto un insieme di caratteristiche fisse molto precise con una pretesa normativa. Il discorso sull'autenticità è riduzionistico e deterministico, profondamente contrario a una visione progressista che vede l'essere umano come soggetto, come attore del proprio destino e non come mero oggetto di una storia già scritta.

Le culture sono intrinsecamente contraddittorie: Salvo Lima, Bernardo Provenzano e Totò Riina sono "autentici" siciliani al pari di Rita Atria, Giovanni Falcone e Peppino Impastato. I mafiosi considerano ovviamente i siciliani onesti dei traditori ("infami" è l'epiteto che la cultura mafiosa affibbia a coloro che non si piegano), ma molto spesso anche dalla parte dei "giusti" si avanzano argomenti dello stesso tipo, anche se ovviamente di segno opposto: quella non è la "vera" Sicilia, quelli non sono "veri" siciliani, i "veri" siciliani siamo noi.

Se da un lato si possono comprendere i motivi profondi che stanno dietro a queste espressioni – la voglia e la necessità di riprendersi la propria terra –, bisogna ahimè ammettere che "veri" siciliani sono tutti, che della cultura siciliana fanno parte integrante tanto l'omertà quanto l'orgoglio antimafioso e non è, appunto, sul piano identitario che si conducono queste battaglie, ma su quello dei valori. Io, da siciliana, rifiuto categoricamente alcuni tratti caratteristici della "mia" cultura e ne accolgo altri, a mia insindacabile discrezione, e nessuno può darmi o togliermi la patente di siciliana. In questa continua costruzione della mia identità neanche mi pongo il problema se un certo valore appartenga o meno alla "mia" cultura: se "mi serve", se "lo sento mio", me lo prendo senza alcun riguardo alla sua autenticità.

Si tratta – è del tutto evidente – di "scelte" non completamente arbitrarie, che non vengono compiute nel vuoto, ma che affondano le radici nella storia personale di ciascuno di noi e che, tuttavia, non per questo perdono il loro carattere di libertà: Rita Atria, che sceglie di collaborare con la giustizia – una decisione che la sua famiglia giudica un tradimento, al punto da ripudiarla e da non accoglierla neanche da morta –, compie una scelta che si pone in contrasto con la sua storia familiare, pur affondando in essa le proprie radici.

Da questo punto di vista suona davvero privo di senso il dibattito che da qualche tempo agita la Germania e che ruota attorno alla domanda "l'islam appartiene alla Germania?", come se l'appartenenza alla storia di un popolo fosse l'elemento discriminante per rendere un qualunque elemento culturale accettabile. Purtroppo alla Germania appartengono parecchie cose assolutamente indesiderabili, come accade del resto a tutti i popoli e a tutte le culture del pianeta. Quella domanda è pericolosissima, perché sposta il dibattito dal terreno normativo – attorno a quali valori vogliamo costruire la nostra convivenza sociale e politica? – a quello identitario. Una storia che abbiamo già conosciuto.

Assumere il paradigma dell'eteronomia porta alla creazione di gruppi chiusi che, mentre cementano la lealtà all'interno del gruppo, alimentano ostilità verso l'esterno.[12] Il paradigma essenzialista ed eteronomo è tipico di tutti i fondamentalismi, che infatti non fanno altro che sentenziare su chi sia un "vero" cristiano, un "vero" musulmano ecc. Purtroppo in questa trappola si cade spesso e volentieri anche in campo progressista, assumendo inconsapevolmente la narrazione dominante dei fondamentalisti, in particolare quando si parla di islam.

Un piccolo episodio che mi è personalmente accaduto può essere esemplificativo. Un giorno, accompagnando mia figlia alla scuola dell'infanzia (viviamo a Francoforte sul Meno, in Germania), trovo ad accoglierla una giovane ragazza avvolta in un *hijab*, di quelli che lasciano il viso scoperto ma lo fasciano tutt'intorno e cadono abbondantemente sotto la linea delle spalle. Scopro che si tratta di una tirocinante che si fermerà lì solo un mese. Superata la sorpresa iniziale, ragiono sull'episodio e decido di confrontarmi con la rappresentante dei genitori, per capire cosa ne pensi lei e, soprattutto, se anche altri genitori abbiano espresso delle perplessità.

La chiacchierata non è stata affatto facile. Lei, una donna tedesca di origini turche, non religiosa, è rimasta sulla difensiva, ha tirato fuori tutto il catalogo di argomenti sulla libertà di religione e di abbigliamento e mi ha informata che nessun altro genitore aveva espresso perplessità. Dal canto mio, ho sottolineato come a me paresse inopportuno che, in un contesto come quello della scuola dell'infanzia, una delle figure con un preciso ruolo educativo nei confronti dei bambini manifestasse in maniera così palese la propria fede, e ho argomentato che conoscevo da anni le altre maestre ma non avevo idea di quale religione professassero o quale partito politico votassero, mentre di questa ragazza conoscevo già la fede prima ancora di conoscerne il nome. Le ho detto testualmente: "Per quel che ne so, le altre maestre possono essere cristiane, atee o anche musulmane".

A queste parole la mia interlocutrice mi ha interrotta e, con tono perentorio, mi ha detto: "No, questo non è vero, se fossero musulmane porterebbero il velo". Ecco che la narrazione fondamentalista ha vinto: se sei musulmana porti il velo, se non porti il velo non puoi essere una "vera" musulmana.

4.3 *Con l'individuo, contro l'individualismo*

Il paradigma che un approccio progressista non può che sposare è quello dell'autonomia dell'individuo nella costruzione della sua identità. C'è un grosso equivoco che emerge ogni volta che si mette al centro del discorso filosofico e politico l'individuo, ossia l'idea che questo implichi cadere nell'individualismo, in un'esaltazione dell'arbitrio individuale, dei valori dell'egoismo, del narcisismo, dell'indifferenza nei confronti degli altri. Nella prospettiva che qui proponiamo, partire dall'individuo significa, al contrario, prendere sul serio l'universale di cui ogni essere umano è portatore e avere a cuore a tal punto l'umanità da riconoscerla e darle valore in ogni singola persona.

Partire dall'individuo è, contro ogni individualismo, la precondizione per un progetto solidale di emancipazione universale dell'umanità, ossia di ogni essere umano. Mettere al centro la persona nella sua individualità – con tutta la complessità della sua identità e delle sue appartenenze – non significa affatto riconoscere a ciascuno una sorta di "diritto all'egoismo", a difendere i propri particolaristici e contingenti bisogni e interessi, ma, al contrario, farsi carico della responsabilità sociale di creare le condizioni affinché ciascuna individualità possa esprimersi nel modo più pieno, libero e consapevole possibile, rispettare e promuovere l'umanità di ogni singolo essere umano. Significa, kantianamente, trattare l'altro "sempre insieme come fine e mai solo come mezzo", perché nessuno è veramente libero se non lo sono tutti.

Si tratta di una prospettiva agli antipodi dell'individualismo cui ci ha assuefatto l'ideologia neoliberista. L'individuo è una costruzione sociale, e non è scritto da nessuna parte che la sua concezione "naturale" sia quella del consumatore egoista, che è anch'essa, a sua volta, una costruzione sociale prodotta dalla mentalità economicista che ci governa. La persona al centro del nostro discorso non è un individuo-consumatore ma un soggetto cui fanno capo precisi diritti, che agisce nel mondo in maniera politicamente responsabile, ossia consapevole sia dei propri doveri nei confronti del resto dell'umanità sia delle conseguenze delle proprie scelte. È una persona che non fa della sua apparente e contingente libertà di scelta l'unico parametro cui improntare la propria vita, ma che costantemente si mette nei panni degli altri, soprattutto di coloro che non si trovano nelle condizioni di poter compiere quella libera scelta. È un soggetto partigiano, tutt'altro che indifferente al destino dei suoi simili.

Tornando al tema dell'identità, mettere al centro l'individuo – assumendo dunque il paradigma dell'autonomia – significa ritenere che ciascuno abbia una propria identità personale in continuo movimento e che ridurlo a una sola tessera di quel mosaico significhi violare la dignità di quell'individuo come persona, con una propria unica e irripetibile identità. Ci sono tante identità quanti sono gli individui. Anzi di più: le identità sono spesso anche contraddittorie, confuse, sovrapposte, ciascuno di noi si "identifica" solo parzialmente e magari in maniera controversa con varie "comunità" di appartenenza, ciascuna delle quali dice qualcosa di noi, ma solo parzialmente, non ci *de-finisce*, non ci *con-clude*, non ci circoscrive.

Se, da un lato, è indiscutibilmente vero che l'individuo non è un atomo e che non può prescindere dalle sue relazioni, che anzi lo costituiscono, è al tempo stesso altrettanto vero che non è riducibile a nessuna di esse. Nella prospettiva che proponiamo l'individuo è l'unità che tiene in sé dialetticamente le proprie contraddizioni, un universale dialetticamente mediato dunque, non dato. È compreso dalla ragione come universale, come assoluto, al di là delle manifestazioni del suo modo di esistenza finito, molteplice e contraddittorio.

I vari elementi che compongono l'identità di ciascuno di noi si mischiano a creare un risultato unico, irripetibile, in cui è ormai impossibile scindere i vari elementi. "L'identità," scrive Amin Maalouf, "non si suddivide in compartimenti stagni, non si ripartisce in metà né in terzi. Non ho parecchie identità, ne ho una sola, fatta di tutti gli elementi che l'hanno plasmata, secondo un dosaggio particolare che non è mai lo stesso da persona a persona."[13] E neanche nella stessa persona nel corso del tempo, aggiungiamo noi, perché il "dosaggio" dei diversi ingredienti di questo composto, di questo amalgama, varia nel tempo e persino a seconda delle circostanze contingenti. Eppure, l'unità è garantita: come in un tappeto dalla trama di fili fittamente tessuti, osservando con molta attenzione si riesce forse a individuare ciascun singolo filo colorato, ma è solo guardando da lontano l'insieme che avremo una precisa idea del tappeto nella sua interezza e unità.

Nel caso dell'identità personale si tratta di una tela che si continua a tessere ogni giorno: i fili sono rappresentati dai diversi elementi di cui è epifenomenicamente costituito un individuo – il regno del molteplice, del mutevole, che comprende non solo gli elementi culturali che gli sono stati tramandati, ma anche le esperienze vissute in prima persona, le emozioni, i sentimenti, gli incontri, in una parola: la vita. È al livello della coscienza, poi, che si compie costantemente e faticosamente il lavoro di unificazione di quel molteplice.[14] Il che risolve almeno in parte il paradosso della nave di Teseo: se nel corso degli anni vengono sostituiti tutti, ma proprio tutti, i pezzi della nave, rimane pur sempre la stessa nave? Nel caso dell'identità dei singoli individui la risposta è sì, perché l'unità non è data dai singoli elementi, dai singoli pezzi della nave, né dalla somma di essi, ma dalla coscienza di sé.

Un'identità-prisma, dunque, che dovremmo quanto più possibile liberare dalle imposizioni esterne in modo da lasciare che l'intreccio dei fili si dispieghi liberamente. L'identità di ognuno di noi coincide, in fondo, con la sua autobiografia, con il libro della vita che ciascuno scrive ogni giorno. Il lavoro politico e culturale da fare, per evitare che essa diventi un'arma da brandire contro l'altro, è quello di incoraggiare ad "assumere la propria diversità",[15] quella che alberga in ciascuno di noi e che ci dovrebbe condurre a relazionarci con gli altri non come identità contrapposte, non come membri e rappresentanti di tribù, ma come singole irriducibili diversità, ciascuna portatrice dell'universalità dell'essere umano.

In questa concezione cosmopolitica e universalista, che si contrappone a quella tribale e fondamentalista, l'identità è ciò che rende ciascuno identico solo a se stesso e questo qualcosa non è questo o quell'aspetto della propria identità, ma esattamente quell'unica, irripetibile e costantemente mutevole combinazione: "Con ogni essere umano ho alcune appartenenze in comune; ma nessuna persona al mondo condivide tutte le mie appartenenze".[16] Un'"identità nomade", come la definisce Stefano Rodotà, "perennemente incompiuta, costruzione incessante e indeterminata", un'"irriducibile diversità che fa di ciascuno un unico".[17]

Esattamente il contrario della concezione tribale, statica e chiusa in se stessa, quella che qui proponiamo è un'identità dinamica, aperta alla relazione. Di più: vive della relazione con l'altro, una vera e propria "struttura dissipativa",[18] che trova continuamente un nuovo equilibrio in un costante scambio con l'ambiente che la circonda.

È chiaro che, in questa accezione, l'identità diventa inservibile alle strumentalizzazioni politiche, perché non è una potente arma da brandire contro gli altri, e nemmeno una compatta corazza per difendersi dagli altri, ma solo l'esile, precario, instabile ma per questo fertile terreno di incontro con gli altri.

4.4 *Emancipazione universale* vs *riconoscimento identitario*

È chiaro che, all'interno del prisma dell'identità che caratterizza ciascuno di noi, ci sarà una gerarchia – in cui prevarrà ora questo ora quell'elemento – fortemente influenzata da fattori storici, sociali, politici: come osserva Maalouf, "nascere donna a Kabul o a Oslo non ha lo stesso significato",[19] è evidente. A seconda del contesto sociale e politico e del momento storico, alcuni elementi della mia identità rimasti latenti per molto tempo possono improvvisamente emergere in tutta la loro prepotenza. La mia pelle bianca non ha mai costituito per me un elemento identitario, qualcosa che ha pesato nella costruzione della mia identità, nel pensare me stessa, non ha mai occupato un posto rilevante nella gerarchia della mia identità, come invece, poniamo, l'essere donna o l'essere siciliana. Se dovessi un giorno trasferirmi in un paese a maggioranza nera, immagino però che mi accorgerei all'improvviso di essere bianca.

È evidente, quindi, che i motivi per cui un elemento della propria identità prende il sopravvento sugli altri sono spesso legati a precise cause personali o storiche: sono le "ferite" che ciascuno di noi ha subìto nella vita che "determinano l'atteggiamento delle persone nei confronti delle loro appartenenze, e la gerarchia tra di esse"[20]: "Là dove le persone si sentono minacciate nella loro fede, è l'appartenenza religiosa che sembra riassumere la loro identità. Ma se a essere minacciati sono il loro idioma materno e il loro gruppo etnico, allora si battono accanitamente contro i loro stessi correligionari".[21]

Ed è proprio per questa intrinseca potenza esplosiva che il conflitto identitario va disinnescato fin dal principio, e in nessun caso alimentato. In nome della battaglia contro la logica identitaria Alexander Langer, attivista politico sudtirolese, si rifiutò di dichiarare la propria appartenenza etnica in due censimenti (rifiuto che gli impedì peraltro di candidarsi a sindaco di Bolzano). Nel suo *Tentativo di decalogo per la convivenza interetnica* si legge che, per affrontare la conflittualità – che nel Sud Tirolo divideva la comunità di lingua italiana da quella di lingua tedesca e che negli anni cinquanta e sessanta del secolo scorso ha raggiunto livelli estremamente violenti –, bisogna "che in ogni comunità etnica si valorizzino le persone e le forze capaci di autocritica verso la propria comunità: veri e propri 'traditori della compattezza etnica'".[22]

Perché non è con politiche identitarie che si affrontano i conflitti identitari, i quali vanno riconosciuti e disinnescati, non certo assunti come orizzonte politico: analizzare e prendere in grande considerazione le ragioni di chi sente minacciato un aspetto della propria identità non deve condurre a politiche identitarie, che per loro stessa natura sono sempre divisive e non suscettibili di universalità.

Appiattire l'identità di una persona a uno solo degli elementi che la compongono è un rischio che si corre molto spesso anche in ambienti progressisti e nei confronti del quale bisogna stare sempre all'erta, perché ci vuole molto poco a trasformare una legittima rivendicazione di diritti (universali) in pretesa di riconoscimento identitario (particolare). Il movimento dei neri negli Stati Uniti è un classico esempio di una lotta che, nella contingenza storica, partiva dalle rivendicazioni di un gruppo discriminato ma che, nella sua essenza, era una lotta universale, non identitaria, perché la richiesta era l'uguaglianza in quanto persone, non il riconoscimento di diritti in quanto neri.

È ovvio che qualsiasi movimento di emancipazione – dei neri, delle donne, degli omosessuali – parte da bisogni precisi, concreti, incarnati, ma un conto è prendere la propria condizione come punto di partenza per una rivendicazione universale, un altro ipostatizzare questa condizione per pretendere riconoscimento identitario. È un rischio che, per esempio, sia il movimento per i diritti degli omosessuali sia il femminismo corrono concretamente.

Alla fine degli anni ottanta del secolo scorso, si è iniziato a sostituire l'espressione "movimento gay" con la sigla Lgb, che sta per lesbiche, gay e bisessuali, considerata più inclusiva. A questa sigla si è aggiunta poco dopo una "t" per tenere dentro anche i transessuali. La sigla Lgbt è rimasta stabile per alcuni anni, ma da qualche tempo è tornata ad allungarsi con una "q" che sta per queer, e così in teoria dovrebbe tenere tutto insieme ma evidentemente non ci riesce, tanto da aver bisogno ancora di una "i" per gli intersessuali e infine una "a" per gli asessuali. Qualche autentico genio ha poi pensato di aggiungere alla già corposa (e peraltro illeggibile) sigla Lgbtqia un segno "+", non si sa mai.

Quante lettere dovremmo aggiungere infatti per includere tutti – ma proprio e letteralmente *tutti* – i possibili orientamenti sessuali? Chi stabilisce quando la sigla è completa? Anche solo in linea di principio, è possibile immaginare che ci sarà sempre qualcuno che non si sentirà rappresentato da nessuna di quelle lettere, e forse non basterebbe neanche un volenteroso "+" a placarne le rivendicazioni di riconoscimento.

È evidente come qui si sia presa una deriva identitaria che si allontana parecchio dalla sacrosanta (e universale) rivendicazione di uguaglianza. Una deriva, peraltro, difficilmente arrestabile, proprio perché – come abbiamo cercato di argomentare sopra – ci sono tante identità (anche sessuali) quanti sono gli esseri umani sulla terra e, se si passa dalla rivendicazione di diritti universali alla pretesa di riconoscimento della propria identità per mezzo di una lettera dell'alfabeto, il risultato è una sigla infinita e una conseguente chiusura identitaria.

Anche il femminismo rischia questa deriva quando, da movimento di emancipazione universale, si distorce in pretesa di riconoscimento di una presunta specificità femminile. Per non lasciare spazio a equivoci: qui non si negano le specificità dei vari gruppi – delle donne, dei neri, dei gay, ma anche dei bambini, dei disabili, degli anziani, dei malati: i raggruppamenti secondo specificità sono potenzialmente infiniti e ciascun individuo fa parte di norma di parecchi gruppi contemporaneamente.

Quel che si mette in discussione è la rivendicazione di diritti *in nome* di quelle specificità. Le donne, i neri, i bambini, i gay hanno diritti in quanto, semplicemente, appartenenti al genere umano. Diritti che, chiaramente, si articoleranno poi tenendo conto delle specificità dei vari soggetti (e dunque, per esempio, una speciale tutela della maternità, un'attenzione particolare alla disabilità, una cura mirata all'infanzia), ma quelle specificità non sono la fonte di quei diritti. Un disabile ha diritto a un'assistenza dignitosa non in quanto disabile, ma in quanto persona, al netto del fatto che poi questa assistenza prenderà le forme richieste dal caso specifico. Non tutte le lotte delle minoranze e dei gruppi oppressi in quanto tali sono lotte progressiste e di emancipazione. Lo sono quelle che, pur provenendo da un gruppo, non rivendicano diritti speciali ma recano in sé il segno dell'universalità.

La rivendicazione di riconoscimento identitario, invece, non ha nulla di progressista e, per tornare al nostro tema centrale, è tipica dei movimenti religiosi fondamentalisti che pretendono che l'identità venga appiattita sul dato religioso e che i fedeli di una data confessione siano riconosciuti dal resto della società non in quanto cittadini a pieno titolo, ma in quanto membri di una determinata comunità. In questo processo riduzionistico, tutte le altre componenti dell'identità della persona passano in secondo piano: non contano il tuo genere, la tua nazionalità, la tua classe sociale, tu sei innanzitutto un "cristiano", un "musulmano" ecc., ed è in quanto tale che la società deve relazionarsi con te.

Dunque, di nuovo: un conto è partire da una contingente situazione di oppressione di un gruppo, un altro è reclamare in nome di quella situazione di oppressione diritti per il gruppo in quanto tale. (Sull'intrinseca contraddittorietà della nozione di "diritti dei gruppi" si tornerà nel prossimo capitolo.) Nella storia molti sono stati i casi di riconoscimento di diritti speciali a gruppi come risarcimento per forme di oppressione subite nel passato: dagli indiani d'America alle speciali tutele delle minoranze linguistiche in molti paesi europei, Italia inclusa. E, se sul piano storico non c'è dubbio che si diano casi contingenti in cui un tale approccio è provvisoriamente inevitabile, farne un principio universale è molto rischioso: perché alcuni gruppi hanno diritto a un riconoscimento di diritti speciali e altri no? Ci saranno ovviamente dei casi molto chiari e indiscutibili, ma poi moltissime zone grigie, dove a contare saranno soltanto, da un lato, l'arbitrarietà del potere e, dall'altro, la "forza" del gruppo. Come osserva Maalouf: "Ogni pratica discriminatoria è pericolosa, anche quando si esercita in favore di una comunità che ha sofferto".[23]

La discussione sul riconoscimento conduce poi a un esito paradossale. Charles Taylor, uno dei principali esponenti del comunitarismo, sostiene – a ragione – che il bisogno e la richiesta di riconoscimento caratterizza molte delle rivendicazioni politiche contemporanee e che "il mancato riconoscimento o un riconoscimento distorto può rappresentare una forma di oppressione che ingabbia qualcuno in un modo di essere falso, distorto e riduttivo".[24] Il paradosso sta nel fatto che la risposta tayloriana a questo rischio è ingabbiare a sua volta le persone in identità monolitiche. Il punto infatti è che cosa si pretende venga riconosciuto: l'appartenenza a una comunità o la propria singola, irripetibile identità (la quale poi può sovrapporsi a quella di un gruppo in maniera più o meno ampia)?

Dalla legittima richiesta di riconoscimento della propria dignità di essere umano si scivola nella pretesa che siano le comunità ad avere una soggettività distinta dai loro membri e che sia questa, appunto, che vada riconosciuta. Un approccio che ha una cruciale conseguenza: quella di ignorare le richieste che provengono dai dissidenti all'interno delle diverse comunità, che pretendono invece di essere riconosciuti non in quanto appartenenti a quella comunità – e dunque appiattiti su una presunta identità collettiva – ma in quanto persone. I dissidenti nelle comunità di minoranza soffrono una doppia discriminazione: vengono accusati di tradimento dalla "propria" comunità e non vengono riconosciuti o, peggio, vengono considerati come non autentici rappresentanti di una certa comunità dal resto della popolazione. Il che significa esattamente accettare *tout court* la narrazione fondamentalista che vede i dissidenti come traditori.[25]

Come vedremo più approfonditamente nel prossimo capitolo, riconoscimento identitario e multiculturalismo vanno a braccetto, ed è per questo che il multiculturalismo come orizzonte politico non ha nulla di progressista.

5. Individuo *vs* comunità: critica al multiculturalismo dal punto di vista cosmopolitico

> "Non si nasce eguali; si diventa eguali come membri di un gruppo in virtù della decisione di garantirsi reciprocamente eguali diritti."
>
> Hannah Arendt, *Le origini del totalitarismo*.

5.1 *L'inganno del multiculturalismo*

"Multiculturalismo" è una parola ingannevole, perché ha implicazioni molto più ampie di quelle a cui *prima facie* si è ingenuamente indotti a pensare. Rimanendo sulla superficie delle cose, multiculturalismo rimanda al variopinto incontro di tradizioni, usi, costumi, cibi, mode, musiche. Fa pensare ai festival etnici, alla pizzica ballata in Norvegia, al kebab mangiato a Londra, alle sonorità arabe che si diffondono in alcuni quartieri delle grandi città europee, alla pizza divenuta ormai piatto universale eppure ancora così intimamente legata all'Italia, alle contaminazioni in arte e letteratura.

Fin qui, tutto bene. Il problema sorge quando dalla constatazione di una società multietnica e multiculturale – dunque di una disomogeneità nei fatti di lingue, usi, costumi, tradizioni, religioni, etnie che convivono nell'ambito della stessa società – si fa derivare il principio che i membri della comunità politica vadano trattati diversamente a seconda della loro appartenenza alle diverse "comunità" etnico-cultural-religiose e che le "culture" minoritarie vadano salvaguardate così come sono (o si presume che siano) e in quanto tali. Quando, cioè, dalla constatazione di una pluralità di usi, costumi, tradizioni, lingue, fedi si fa derivare una pluralità di diritti che, inevitabilmente, conduce a una pluralità di sistemi legali. Un approccio che ha procurato enormi danni al processo di integrazione degli immigrati in molti paesi europei.

La logica comunitarista/multiculturalista[1] immagina che si diano degli "oggetti" ben identificabili e *de-finibili* – le "culture" – e che sia necessario attuare delle politiche *ad hoc* per "tutelarli". Peccato che le "culture" non siano degli oggetti naturali rinvenibili osservando la società, ma siano esse stesse delle costruzioni sociali continuamente in divenire. L'approccio multiculturalista, lungi dal "fotografare" la realtà, la plasma, creando quelle "comunità" che presume preesistano, attribuendo a esse – e, in ultima analisi, agli individui che si ritengono portatori di quelle culture – una serie di caratteristiche che si immagina debbano avere, ingabbiando le persone in categorie e stereotipi che stanno sempre troppo stretti o troppo larghi e non colgono mai la complessità dell'identità di ciascuno.

È molto interessante, da questo punto di vista, analizzare quello che è accaduto negli ultimi decenni nel Regno Unito, un paese che ha conosciuto una forte immigrazione di persone provenienti perlopiù – per ragioni legate alla storia imperiale inglese e alle relazioni privilegiate che il Regno Unito tuttora intrattiene con i paesi del Commonwealth –[2] dal Sudest asiatico. Per molto tempo gli immigrati provenienti da quell'area geografica si raggruppavano – e venivano raggruppati – secondo la nazione di provenienza: c'erano gli indiani, i pachistani, i "bangla". La "comunità islamica" allora non esisteva.[3] Non che alcune di queste persone ovviamente non fossero musulmane, ma a pesare nella definizione (e nell'attribuzione) dell'identità era molto più l'appartenenza nazionale che non la fede. A un certo punto queste persone si sono "scoperte" musulmane, nel senso che la loro fede ha iniziato a prevalere come connotazione identitaria sugli altri elementi. A una connotazione plurale e geografica se ne è via via sostituita una singolare e religiosa, mettendo sotto lo stesso ombrello persone con storie, usi, costumi, tradizioni e lingue completamente differenti.

Kenan Malik, scrittore britannico di origini indiane, classe 1960, racconta che quando era giovane, a cavallo fra gli anni settanta e i primi anni ottanta, quel che contava per un ragazzo nato in India come lui non era tanto essere un musulmano quanto essere un nero e un lavoratore.

Da un lato, dunque, un elemento che legava idealmente uno come Malik alle lotte dei neri d'America e, dall'altro, una connotazione squisitamente politica, di classe. Le associazioni degli immigrati, racconta Malik, avevano spesso una caratterizzazione politica, di norma laica e di sinistra, e non religiosa. L'origine del cambio di paradigma, secondo Malik, è rappresentata proprio dalle politiche multiculturaliste messe in atto dai governi dell'epoca che "non hanno risposto alle esigenze delle comunità ma, in senso lato, hanno contribuito a *creare* queste comunità imponendo identità alle persone e ignorando i conflitti interni che emergevano per differenze di classe, genere sessuale e all'interno della stessa religione. Hanno rafforzato non le minoranze ma i cosiddetti esponenti della comunità, che dovevano la loro posizione e influenza soprattutto alla loro relazione con lo Stato. [...] Le minoranze non hanno costretto i politici a introdurre politiche multiculturaliste. Piuttosto, lo stesso desiderio di celebrare specifiche identità culturali, almeno in parte, è stato condizionato dall'implementazione di politiche multiculturaliste".[4]

Una delle ragioni che hanno indotto i governi dell'epoca ad agire così, sempre stando alla lettura di Malik, è stata la precisa volontà di distogliere l'attenzione dagli interessi politici, di rompere la solidarietà di classe e sostituirla con quella religiosa, perseguendo una precisa gerarchizzazione delle appartenenze identitarie.

Come abbiamo visto nel capitolo precedente, l'identità di ciascun individuo è un prisma complesso, in cui le varie "facce" prendono, ora l'una ora l'altra, il sopravvento per il combinato disposto di diverse circostanze. L'approccio comunitarista spinge affinché l'elemento determinante dell'identità di ciascuno non sia, poniamo, il genere o la classe sociale, ma la fede o l'origine etnica. Enfatizzare gli elementi etnici e religiosi a scapito di altri ha conseguenze sociali e politiche cruciali perché alimenta solidarietà identitarie anziché di classe o di genere.

In questo caso l'approccio multiculturalista ha giocato un ruolo centrale nella gerarchizzazione dei diversi elementi che caratterizzavano l'identità degli immigrati dal Sudest asiatico nel Regno Unito, facendone emergere e rafforzandone uno – quello religioso – che era, sì, presente ma non costituiva un elemento identitario. Si tratta di un classico esempio di come agisce il paradigma eteronomo di cui abbiamo parlato nel paragrafo 4.2, che induce a selezionare di volta in volta le caratteristiche dell'identità che "contano", privilegiandone alcune a scapito di altre.

Essenzializzare le culture e focalizzare l'attenzione sull'elemento religioso, trascurando tutte le altre caratteristiche in nome delle quali gli individui si potrebbero raggruppare, è peraltro l'operazione tipica dei fondamentalisti, quelli islamici in testa, che non a caso invitano continuamente i musulmani a considerare la "umma" islamica come loro principale orizzonte di identificazione, a scapito di tutte le altre appartenenze che invece li distinguerebbero, incluse quelle che fanno riferimento ai paesi di provenienza o a quelli in cui si trovano a vivere. Una vera e propria azione politica che ha come obiettivo, fra gli altri, quello di indebolire i legami fra gli immigrati di fede musulmana e il paese in cui hanno deciso di vivere. Nella narrazione fondamentalista, che in questo trova un inaspettato alleato in quella multiculturalista oggi tanto di moda specialmente a sinistra, quel che conta nel determinare la "tua" identità non è il genere, la nazionalità o la classe sociale, ma la fede. Tutto il resto passa in secondo piano.

Come questo possa in concreto operare lo spiega molto bene Malik: "Immaginate di essere un bengalese laico che vive in una zona fatiscente di Birmingham. Non pensate a voi come musulmani e potreste non aver pensato a voi neanche come bengalesi. Ma volete un nuovo centro di aggregazione sociale nella vostra zona. È difficile avere l'attenzione del consiglio comunale insistendo sul fatto che la vostra area è povera e svantaggiata. Ma se dite che la comunità musulmana è bisognosa o le manca qualcosa, allora le casse del consiglio si aprono di colpo: non perché il consiglio sia particolarmente incline ad aiutare i musulmani, ma perché essere musulmano, piuttosto che essere 'povero' o 'svantaggiato', viene registrato dalla mente burocratica come identità autentica. Con il passare del tempo, iniziate a vedervi in questi termini non solo perché queste identità vi danno accesso a potere, influenza e risorse, ma anche perché queste identità assumono una concretezza sociale ricevendo costanti prove e conferme. È così che siete visti: quindi è come finirete per vedervi".[5]

Amartya Sen conferma l'interpretazione di Malik: "La tendenza a prendere i leader religiosi indu o sikh come portavoce della popolazione britannica indu o sikh fa parte dello stesso processo [ossia quello per il quale il governo britannico tende a guardare ai suoi cittadini attraverso la lente dell'appartenenza comunitaria, facendo riferimento in particolare alla religione, *N.d.A.*]: invece di incoraggiare i cittadini britannici con diversi background a interagire gli uni con gli altri nella società civile e a partecipare alla politica britannica in quanto cittadini, l'invito era ad agire 'attraverso' la 'propria comunità'".[6]

Malik è molto critico anche su come la Germania ha affrontato il tema: "Invece di creare una società aperta, nella quale gli immigrati fossero accolti alla pari, i politici tedeschi dagli anni ottanta affrontarono il cosiddetto 'problema turco' con le misure del multiculturalismo. Invece di garantirgli piena cittadinanza e un vero *status* nella società, agli immigrati fu 'permesso' di conservare la propria cultura, la lingua e lo stile di vita. La conseguenza è stata la creazione di 'comunità parallele'. Queste politiche non esprimevano il rispetto per la diversità, ma erano un mezzo per eludere il problema di come creare una cultura comune e inclusiva".[7] E oggi, con le crescenti tensioni che attraversano le nostre società, si vede a cosa può portare creare comunità parallele invece che cultura condivisa e piena cittadinanza.

La domanda cruciale è: le persone vanno viste innanzitutto come appartenenti ed esponenti della comunità e della cultura in cui è capitato loro di nascere o come cittadini autonomi in grado di avere con la propria stessa cultura un rapporto dialettico e maturo? Identità come appartenenza comunitaria o come cittadinanza, insomma? Assumere l'una o l'altra prospettiva conduce a risultati politici opposti: se la prima porta a indifferenza e mantenimento dello *status quo*, se non addirittura ad alimentare i conflitti identitari, la seconda induce a mettere in atto politiche che sostengano e promuovano le capacità dei singoli di interagire in maniera matura, dialettica e autonoma con il proprio background.

Il multiculturalismo – ossia trattare i diversi gruppi come comunità separate invece che includere i singoli individui come soggetti pienamente titolari di diritti – crea quella segmentazione della società che a parole dice di voler scongiurare. Il risultato non è più il "multiculturalismo" ma quello che Amartya Sen definisce "monoculturalismo plurale", un proliferare di comunità parallele, ciascuna reclamante diritti speciali: "La coesistenza di diverse culture che stanno l'una all'altra come pecore nella notte può esser considerata un risultato di successo del multiculturalismo?".[8] Quel che si sta creando è una società segregata in cui si può forse sperare di mantenere la pace sociale, ma nella quale la violazione dei diritti rischia di essere all'ordine del giorno. D'altro canto, quando si perde di vista la persona – ovviamente con tutta la sua storia, la sua complessa identità, le sue molteplici appartenenze: tutti elementi che però emergono attraverso la persona, e non sono a essa sovraordinati – e la si guarda solo attraverso la lente distorta della sua cultura di appartenenza (o presunta tale), la deriva inevitabile è quella della segregazione della società in comunità parallele.

Un processo analogo è accaduto anche in Francia e viene così descritto da Olivier Roy: "I giovani Beurs [figli di immigrati dal Maghreb] degli anni ottanta rivendicavano il pensiero dominante sull'integrazione anziché difendere una differenza: [...] essi erano innanzitutto antirazzisti, rifiutavano qualsiasi forma di comunitarismo e non facevano riferimento all'islam. [...] Quello che è apparso dopo, negli anni novanta, è un pensiero islamico strutturato, incarnato da due figure: il predicatore barbuto salafista [...] e l'intellettuale in ghingheri che parla perfettamente il francese e che, dal canto suo, fa l'apologia di una differenza fondamentale, quella di una credenza che si esibisce senza complessi".[9]

Nel giro di pochi anni, la connotazione identitaria per mezzo della religione e della cultura – una religione e una cultura spesso appartenenti ai propri genitori se non addirittura ai propri nonni, delle quali quindi questi giovani non hanno un'esperienza personale e diretta, il che contribuisce alla loro mitizzazione – ha preso sempre più piede, fornendo ai ragazzi delle seconde e terze generazioni un orizzonte di senso altrimenti difficile da rintracciare. Un fenomeno che però – torna qui di nuovo la prospettiva politico-normativa – non è accaduto spontaneamente né è inscritto nel "corso naturale delle cose". La storia dell'umanità non è un semplice susseguirsi di eventi, ma il risultato di scelte – più o meno consapevoli. È lo stesso

Roy a sottolinearlo: "La 'comunitarizzazione' non è spontanea: è sostenuta da leader comunitari che pretendono di parlare in nome di tutti per farsi riconoscere dallo Stato" e senza "l'impegno fattivo" del governo la "comunità musulmana imploderebbe in un giorno".[10]

In cosa consisterebbe questo "impegno fattivo" del governo? Per esempio nell'accettare come interlocutori per la discussione delle politiche dell'integrazione quei "leader comunitari" che si autoproclamano unici e autentici "rappresentanti" dell'intera "comunità musulmana". Non è difficile peraltro immaginare che, nella stragrande maggioranza dei casi, si tratta di esponenti delle frange più minoritarie e fondamentaliste dell'islam, che riescono a imporsi all'opinione pubblica in virtù della loro attiva militanza politica. In altre parole, più i credenti di una qualunque religione sono laici, meno sono politicamente militanti "in quanto credenti", meno fanno "comunità". Sono dunque invisibili. Il paradosso delle azioni politiche che proclamano di voler lavorare per l'integrazione è quello di scegliere di norma come interlocutori privilegiati coloro che propugnano una frammentazione della società.

Ma allora, se le "comunità" come realtà sociali monolitiche e immutabili non esistono, come si può giustificare sul piano teorico il sostegno al comunitarismo, all'idea, cioè, che sia necessario apparecchiare un sistema di regole *ad hoc* per ogni e distinta comunità? Il comunitarismo è uno dei tanti esempi di ideologia che inventa il proprio stesso oggetto per poter giustificare la propria esistenza.

Si giunge poi al paradosso quando l'approccio multiculturalista viene difeso invocando la libertà delle culture. Come argomenta Amartya Sen, "essere nati in un particolare contesto culturale non è di per sé un esercizio di libertà culturale, giacché non è una scelta. Al contrario, la decisione di rimanere decisamente nell'ambito di una certa tradizione culturale sarebbe un esercizio di libertà se la scelta avvenisse dopo aver considerato varie alternative".[11]

Per realizzare tale condizione è necessaria una serie di presupposti, a partire da un sistema di istruzione pubblico e laico. Bisogna poi rispondere alla domanda: a quali conseguenze andrebbe incontro qualcuno che optasse per una diversa alternativa? Se, a prescindere da quale scelta si compie, non si va incontro a nessuna conseguenza – non solo in termini di sicurezza fisica (non rischiare la morte, punizioni corporali, imprigionamento), ma anche di condizioni economiche e di relazioni sociali (accettazione da parte della propria famiglia e della comunità, opportunità di lavoro e di carriera ecc.) –, solo allora la scelta si può considerare davvero libera. Ogniqualvolta invece una scelta si porta appresso anche solo l'ostruzionismo della propria comunità (come nel già citato caso di chi decide di abbandonare i testimoni di Geova, che viene sostanzialmente espulso dalla comunità), è evidente che la scelta non è libera.

È chiaro che una scelta *assolutamente* libera non esiste, se non negli esperimenti mentali. Ma questo non significa che il "grado" di libertà non sia in qualche modo verificabile e che, nel *continuum* che va da una scelta imposta con la forza fisica (grado 0 di libertà) a una *assolutamente* libera (obiettivo ideale verso cui tendere ma mai compiutamente raggiungibile), non sia possibile individuare verso quale dei due poli si tende.

5.2 *L'equivoco del "rispetto" e i razzisti inconsapevoli*

La logica multiculturalista ha contaminato anche molti militanti, politici e intellettuali di sinistra, che non si rendono conto che – al fondo – si tratta di una logica intrinsecamente razzista. Come abbiamo visto, infatti, l'idea che, in maniera più o meno consapevole, sorregge la logica multiculturalista è che esista una forma "pura", "autentica", "vera" di una certa cultura e poi ci siano degenerazioni, contaminazioni, incrostazioni da cui liberarla.

Ma cosa significa esattamente "salvaguardare" una cultura? Non si possono trattare le "culture" come pezzi da museo, fissi e immobili. Non si può scattare una fotografia oggi – una fotografia peraltro spesso parziale, distorta, che tralascia deliberatamente gli elementi dissonanti, eretici, dissidenti presenti in ogni cultura – e pretendere di imbalsamarla. E allora tutte le culture sparite fino a oggi? E tutte quelle che si produrrebbero nel futuro se lasciassimo libero il gioco di interazione e soprattutto se non utilizzassimo lo spauracchio del "rispetto" che si trasforma, spesso, in benda sugli occhi e bavaglio?

Charles Taylor sostiene che una politica ispirata al solo principio dell'eguale dignità degli individui sia "inospitale per le differenze"[12] perché non riuscirebbe a garantire quello che le comunità culturali distinte dalla maggioranza chiedono: la sopravvivenza. Ma – è qui il punto – la sopravvivenza di una cultura – di qualunque cultura e di tutti gli elementi di ogni cultura – è un valore *in sé*? "Forme di vita ingiuste, crudeli, autoritarie possono anche essere belle, interessanti o affascinanti. Dobbiamo decidere se il valore estetico della pluralità delle forme di vita [...] viene prima della libertà, della giustizia e della dignità che spetta a ciascuno,"[13] ci avverte Benhabib.

Trattare le culture come dei monoliti significa pensarle come incapaci di cambiare, immobili, congelarne l'attuale stato e farne degli oggetti da contemplare. Significa la fine della storia. Che vuol dire infatti "rispetto" per una cultura? Perché devo "rispettare" proprio questa cultura qui, in questa esatta configurazione di questo istante? E che ne è di coloro che, qui e ora, e dall'interno, mettono in discussione la propria cultura, atteggiamento che di norma è considerato dai conservatori di qualunque latitudine una "mancanza di rispetto"? Il "rispetto" è sempre invocato da chi vuole mantenere lo *status quo*. "Rispetto" è troppo spesso una parola usata come sinonimo di "astensione dal giudizio". In questa accezione, rispettare qualcuno significa non mettere in discussione nulla del "suo" mondo. Si tratta più di indifferenza, o talvolta anche di timore reverenziale, che di rispetto. È l'accezione mafiosa, tribale e patriarcale del rispetto, quella che pretende che gli "altri" non ficchino il naso, non si impiccino negli affari della famiglia, del clan.[14]

Rispettare l'altro in quanto portatore della medesima umanità di cui è portatore ogni singolo essere umano significa invece riconoscere in ciascuno la medesima capacità di vita autonoma, guardarlo come autonomo soggetto morale. Ed è proprio affinché ogni essere umano abbia diritto a vivere liberamente, a non subire il ricatto delle mafie, dei fondamentalismi religiosi o della struttura patriarcale della società che è necessario alzare la testa e criticare ogni aspetto di qualunque cultura – da quelle più vicine a quelle apparentemente più lontane: perché ogni singolo essere umano è il mio prossimo.

"Rispettare qualcuno," scrive Maalouf, "rispettare la sua storia, significa considerare che appartiene alla stessa umanità e non a un'umanità diversa, a un'umanità inferiore"[15] a cui spettano diritti differenti o speciali. Nessuna cultura merita rispetto in quanto tale. Neanche la nostra.[16] Dobbiamo riservare alla cultura "degli altri" lo stesso rispetto che abbiamo per la nostra, e che consiste nel sottoporla a critica serrata: "Le tradizioni non meritano di essere rispettate che nella misura in cui sono rispettabili, cioè nell'esatta misura in cui rispettano i diritti fondamentali degli uomini e delle donne. [...] Rispettare 'tradizioni' o leggi discriminatorie equivale a disprezzare le loro vittime. Tutti i popoli e tutte le dottrine hanno prodotto, in certi momenti della loro storia, dei comportamenti che sono risultati, con l'evoluzione delle mentalità, incompatibili con la dignità umana; da nessuna parte si riuscirà ad abolirli con un tratto di penna, ma ciò non dispensa dal denunciarli e dall'operare per la loro sparizione".[17]

Il rispetto è dovuto alle persone, non alle idee che quelle persone sostengono, né alle tradizioni che quelle persone perpetuano, né ai modelli che quelle persone incarnano. "Rispettare i credenti nella loro libertà di credere," scrive Pena-Ruiz, "non significa necessariamente rispettare le loro credenze."[18] Distinguere le credenze dalle persone che ne sono portatrici è cruciale per la buona salute del dibattito pubblico: rispettare il proprio interlocutore in un dialogo non può significare non poter mettere in discussione le sue credenze, che equivarrebbe a porre fine al dialogo ancor prima che cominci.

Maajid Nawaz definisce coloro che "a sinistra" difendono posizioni multiculturaliste "retrogradi di sinistra": "Di fatto, sono razzisti al contrario. Hanno aspirazioni molto povere per i gruppi minoritari, che considerano un blocco unico di persone intrinsecamente contrarie ai diritti umani. Sono culturalmente riduzionisti nel loro modo di concepire la cultura 'orientale' – in questo caso, islamica – e sono culturalmente deterministi per come tentano di cristallizzare l'immagine che se ne sono fatti per soddisfare il loro fetish orientalista. Mentre giustamente mettono in discussione ogni aspetto della 'loro' cultura occidentale, in nome del progresso, censurano i musulmani liberali che tentano di farlo all'interno dell'islam, prendendo le difese di ogni reazionario retrogrado, nel nome dell"autenticità culturale' e dell'anticolonialismo".[19]

La posizione di chi vuole "preservare le culture", qualsiasi cosa questa espressione significhi, è intrinsecamente conservatrice. Le "culture" sono strettamente legate alle condizioni sociali, economiche e politiche del gruppo sociale di riferimento e ogni contesto produce una sua qualche forma di "cultura". Molto spesso "salvaguardare" una cultura, una tradizione ecc. significa anche astenersi dal modificare quelle condizioni socio-economiche ("strutturali", in linguaggio marxiano) che l'hanno prodotta. L'approccio multiculturalista, se assunto in maniera radicalmente coerente, porterebbe al paradosso di non mettere mai in discussione i rapporti di forza sociali ed economici, pur di "salvaguardare" le culture che da questi si sono prodotte.

L'emancipazione dei diversi gruppi sociali porta necessariamente con sé la "perdita" di alcuni elementi culturali, ma ovviamente ne formula di nuovi. Parafrasando il Vangelo, potremmo dire che le culture sono fatte per gli esseri umani, e non viceversa.[20] Sono gli esseri umani che, kantianamente, vanno sempre trattati come fini in sé, mentre le "culture" o, meglio, la cassetta degli attrezzi messa a disposizione dalle varie "culture" deve poter essere utilizzata in maniera spudoratamente strumentale, prendendo per buono quel che di buono c'è e tralasciando e, se necessario, combattendo quello che non contribuisce all'emancipazione di ogni singolo essere umano.

Quello multiculturalista è invece un approccio essenzialista (e, in quanto tale, intrinsecamente reazionario e razzista), che guarda l'altro come un monolite uniforme e pretende di individuare "l'autentica cultura" e gli autentici rappresentanti di quella cultura. Stabilire un preciso elenco di caratteristiche e pensare che i membri di un certo gruppo debbano necessariamente aderirvi per poter essere considerati "legittimi" esponenti di quella cultura (cosa a cui conduce un coerente multiculturalismo) non è molto diverso dal pensare che ci siano delle differenze biologiche e genetiche che impedirebbero a qualcuno di partecipare a una cultura diversa dalla propria o anche semplicemente di rifiutare aspetti della propria cultura che non gli aggradano, di modellare la propria personale identità in maniera completamente autonoma.

I multiculturalisti partono, a volte, da ottime intenzioni che lastricano però una via che porta dritto all'inferno del razzismo. A stabilire questo "set" di caratteristiche che renderebbero autentica una certa cultura siamo infatti "noi", perché questo approccio alle culture come oggetti immutabili da salvaguardare si applica solo alle culture "degli altri". La nostra è continuamente sottoposta a critica, messa in discussione.

Quel che si omette di dire in questo discorso è che "gli altri" fanno esattamente la stessa cosa con la propria cultura: ossia, in ogni contesto culturale di ogni angolo del pianeta e in tutta la storia dell'umanità ci sono movimenti dissidenti che mettono in discussione le proprie tradizioni, la propria storia, la propria cultura. Pensare che le "altre" culture siano oggetti sacri meritevoli di protezione è un atto di superbia morale (e, in ultima analisi, di razzismo) perché non riconosce agli "altri" la capacità e il diritto di mettere in discussione la propria tradizione culturale. E non è un caso che la conseguenza più grave dell'approccio multiculturalista sia proprio quella di negare le diversità interne alle differenti comunità di minoranza, il che conduce a ignorare – o addirittura a considerare come prodotti di una fantomatica occidentalizzazione forzata – tutti i movimenti di dissidenti che nei loro paesi lottano per i diritti umani. Come osserva Kenan Malik: "Ciò che viene spesso considerata un'offesa *verso* una comunità è in realtà una questione di cui si dibatte *dentro* quella comunità".[21]

5.3 *Diritti "dei gruppi": una contraddizione in termini*

Il filosofo canadese Will Kymlicka, esponente del cosiddetto "multiculturalismo liberale", sostiene che è necessario "integrare i princìpi dei diritti umani con una teoria dei diritti delle minoranze" perché i primi lascerebbero molte questioni irrisolte: "Il diritto alla libertà di espressione," per esempio, secondo Kymlicka, "non ci dice quale sia la politica linguistica appropriata; il diritto di voto non ci dice come debbano essere disegnati i confini politici né come il potere debba essere distribuito nei vari livelli di governo; il diritto alla mobilità non ci dice quale sia la politica di immigrazione e di naturalizzazione appropriata".[22]

Se è vero che la mera proclamazione di alcuni diritti non fornisce un'immediata traduzione in specifiche politiche, non è certamente introducendo l'ambiguo concetto di "diritti di gruppo" o "diritti collettivi" che possiamo pensare di risolvere il problema. Che i diritti facciano capo alle persone in quanto tali e non in quanto membri di un gruppo è precondizione della libertà. Viceversa, se il godimento di certi diritti fosse subordinato ad appartenenze etniche, linguistiche, religiose, verrebbe meno il principio di uguaglianza e si toglierebbero alle persone strumenti di emancipazione dalla propria stessa comunità di appartenenza.

L'idea che sia necessario individuare degli speciali "diritti dei gruppi" viene di solito giustificata con la necessità di tutelare le minoranze. Ma "maggioranze" e "minoranze" sono entità storicamente determinate e destinate a modificarsi nel tempo. L'obiettivo di una politica progressista non dovrebbe essere prioritariamente quello di tutelare le minoranze in quanto tali, ma di fornire ai singoli membri di ogni comunità gli strumenti culturali, economici, sociali, politici per affrancarsi dalla propria stessa comunità di provenienza, se necessario dalla propria stessa famiglia. Per il singolo individuo il "potere" che la sua comunità ha su di lui – per quanto la comunità possa essere minoritaria – è comunque sempre un sopruso del più forte.

In cosa si traduce, in ultima analisi, la pretesa di riconoscimento dei diritti di gruppo se non nell'idea che quest'ultimo venga concettualmente prima dell'individuo? Kymlicka stesso intravede il rischio che i diritti collettivi possano essere usati contro la libertà e l'autonomia dei membri del gruppo e per questo distingue due accezioni: "Con l'espressione diritti collettivi ci si può riferire al diritto di un gruppo di limitare la libertà degli individui membri del gruppo in nome della solidarietà di gruppo o della purezza culturale (restrizioni interne); oppure al diritto di un gruppo di limitare il potere economico e politico esercitato dalla maggioranza della società sul gruppo, in modo da garantire che le risorse e le istituzioni da cui dipende la minoranza non siano soggette alle decisioni della maggioranza (protezioni esterne)".[23]

La prima accezione – quella che porterebbe a restrizioni interne ai gruppi – sarebbe da respingere, mentre la seconda – quella che rappresenterebbe una protezione del gruppo da minacce esterne provenienti dalla maggioranza – da accogliere. Ma la distinzione è chiara solo fino a un certo punto, come del resto lo stesso Kymlicka è costretto ad ammettere: "Misure pensate per garantire protezione esterna hanno spesso conseguenze per la libertà dei membri all'interno della comunità".[24] È il caso per esempio delle spesso invocate leggi contro l'islamofobia, che "alcuni leader musulmani chiedono primariamente per tenere sotto controllo l'apostasia all'interno della comunità musulmana piuttosto che la libertà di espressione dei non musulmani".[25] Ma sono esattamente questi i casi che dimostrano come la tutela della libertà del singolo individuo all'interno della comunità debba essere prioritaria e sovraordinata a tutto il resto.

Le posizioni di Kymlicka mostrano anche che assumere la prospettiva dei diritti dei gruppi implica necessariamente quella gerarchizzazione (arbitraria) delle appartenenze identitarie di cui abbiamo parlato poco sopra. Ogni formazione collettiva produce infatti una qualche forma di "cultura", ma per Kymlicka solo quelle che egli chiama "culture societali", quelle cioè che "forniscono ai suoi membri modelli di vita significativi rispetto a tutte le attività umane", sono candidate a reclamare diritti collettivi. Quali sono, in ultima analisi, queste "culture societali"? "Queste culture tendono a essere territorialmente concentrate e basate su una lingua condivisa" e "non includono solo una memoria e dei valori condivisi, ma anche istituzioni e pratiche comuni."[26] In altri termini, a contare nell'elaborazione concettuale dei "diritti di gruppo" sono sostanzialmente gli elementi etnici, linguistici, istituzionali e religiosi, mentre tutte le altre "culture" che possono anche essere trasversali a quelle "societali" (penso, per esempio, alla cultura che possono condividere gli appartenenti a una stessa classe sociale o a quella prodotta dal femminismo) non hanno le caratteristiche per reclamare riconoscimento, il che innesca quei pericolosi meccanismi di solidarietà identitaria anziché politica cui accennavamo sopra.

L'unico modo per evitare questa deriva è spostare l'accento dalla dialettica (identitaria) maggioranza/minoranza a quella (politica) oppressore/oppresso. Il punto è dunque il potere. Assumere la dialettica politica oppressore/oppresso, anziché quella identitaria maggioranza/minoranza, avrebbe conseguenze radicali, perché non ci sarebbe ragione per cui l'appartenenza a gruppi etnici o religiosi minoritari debba in linea di principio essere meritevole di salvaguardia e speciale protezione più dell'appartenenza, per esempio, a una classe sociale subordinata o a un genere sessuale svantaggiato.

In altre parole, se si assume la prospettiva politica della dialettica oppressore/oppresso, quel che si chiede è che chi detiene il potere non opprima chi di questo potere è privo, e questo vale certamente per la maggioranza etnica o religiosa di un paese nei confronti delle minoranze, ma anche, per esempio, per il potere finanziario a cui, da questa prospettiva, sarebbe legittimo porre severissimi limiti perché non danneggi l'economia reale e, in ultima analisi, i singoli cittadini, il cui potere è infinitamente più piccolo. Oppure ancora per il potere del mercato immobiliare che, se lasciato alle sole regole della domanda e dell'offerta, diventa inaccessibile alle persone meno abbienti, che si vedono costrette a lasciare i centri urbani per spostarsi in periferia, fenomeno chiamato gentrificazione.[27]

Assumere come principio, come ideale regolativo

della propria azione politica non la tutela delle minoranze *tout court* ma l'emancipazione del singolo individuo significa mettere in atto politiche che tentino di realizzare le condizioni concrete (che sono innanzitutto culturali, sociali ed economiche) affinché ciascuno possa realizzarsi pienamente. L'accusa marxisteggiante che i diritti individuali sarebbero diritti liberali borghesi astratti non sta in piedi, perché prendere sul serio il principio dell'autonomia dell'individuo ha conseguenze redistributive enormi, oltre ad avere il vantaggio di fondare la pretesa di giustizia sociale su un principio morale molto forte, quello dell'uguaglianza di tutti gli esseri umani (da assumere come principio normativo, come ideale regolativo a cui tendere, non come punto di partenza naturale).

Tornando a Kymlicka, anche il suo, come ogni approccio multiculturalista, implica una visione essenzialista e monolitica delle culture minoritarie. Come non ci stiamo stancando di ripetere, le culture, anche quelle delle minoranze, non sono mai uniformi e non si capisce quale versione di una certa cultura avrebbe il diritto a una certa protezione e quale no. Di norma le richieste che prevalgono all'interno di un gruppo sono quelle poste dalle frange più militanti, che spesso coincidono anche con quelle più fondamentaliste e meno liberali, e già solo questo semplice fatto – ossia che l'immagine dell'intero gruppo venga "schiacciata" su una sola dimensione – si configura di per sé come una limitazione della libertà degli individui membri del gruppo: il singolo individuo, il singolo dissidente, ha diritto allo stesso grado di tutela di ogni altro membro del gruppo. Anzi, è proprio il diritto del singolo di mettere in discussione la propria appartenenza al gruppo senza che questo abbia conseguenze sociali o economiche particolarmente gravose che va garantito al di sopra di tutti gli altri, proprio perché il singolo dissidente rappresenta in questa relazione il soggetto più debole.

Se si assume la prospettiva della comunità anziché

quella del singolo, si giunge a paradossi come quello rappresentato dalla sentenza della Corte suprema canadese Hofer *vs* Hofer[28]: il caso riguardava due membri della comunità hutteriana (una setta cristiana fondamentalista) che erano stati espulsi dalla comunità per apostasia e che, con ciò, avevano anche perso tutto. La comunità hutteriana infatti non prevede la proprietà privata, e lasciando la comunità si lascia automaticamente tutto quello che si era costruito nella vita: casa, lavoro ecc.

La Corte suprema canadese ha dato ragione alla comunità, sostenendo che la libertà di religione protegge il diritto di una comunità religiosa di organizzare la vita della stessa secondo i propri precetti, anche se questo implica la limitazione della libertà individuale. Questa sentenza fa emergere in maniera lampante la contraddizione che sta dietro al concetto di "diritti di gruppo": la libertà di religione fa capo alla comunità o al singolo individuo? Se accettiamo l'idea che le comunità *in quanto tali* hanno diritti, diventa poi estremamente difficile stabilire dove questi finiscano, mentre se stabiliamo che il diritto alla libertà di religione fa capo al singolo individuo e che, ovviamente, implica anche quello di abbandonare la propria religione, cambiarla, lasciarla del tutto o anche semplicemente non compiere nessuna di queste scelte, bisogna poi che questo diritto sia concretamente esercitabile senza pagare costi sociali, morali, economici troppo alti. Un diritto per godere del quale bisogna sostanzialmente essere degli eroi – abbandonando i propri averi, la casa, la famiglia, il lavoro, attirandosi la condanna della comunità – non è un diritto.

Secondo l'approccio del multiculturalismo liberale di Kymlicka, i diritti collettivi trovano un limite nell'autonomia individuale, ossia il gruppo non può pretendere di restringere la libertà dei suoi membri. Si tratta di un tentativo di tenere insieme diritti collettivi e autonomia individuale destinato a fallire.

Nelle parole di Kymlicka, "gli individui devono

avere la libertà e la capacità di mettere in discussione ed eventualmente modificare le tradizionali pratiche della comunità, nel momento in cui non dovessero più considerarle degne di lealtà".[29] Ma una simile libertà e capacità si guadagna solo se si è stati educati fin da piccoli al pensiero critico e laico e se le conseguenze cui si va incontro a causa delle proprie scelte non sono particolarmente gravose. Prendere sul serio la libertà e l'autonomia individuale dovrebbe per coerenza condurre quindi, per esempio, al divieto di scuole confessionali (e dell'insegnamento di una o più religioni nella scuola pubblica), che invece è una delle tipiche richieste dei gruppi che di solito i multiculturalisti tendono ad accogliere con favore. Perché la libertà e l'autonomia di ogni singolo individuo non basta proclamarla sulla carta né inserirla in dichiarazioni d'intenti, bisogna creare le condizioni affinché una tale libertà possa dispiegarsi in maniera piena e consapevole. E questo implica politiche pubbliche molto concrete, che spesso si scontrano frontalmente con le richieste dei gruppi, fino a giungere al più piccolo gruppo che è la famiglia.

La libertà di educazione dei figli, come vedremo nel prossimo paragrafo, non è affatto totale e trova un grosso limite nel rispetto della dignità, della libertà e dell'autonomia dei bambini, che si concretizza, per esempio, nel proporre loro un'educazione laica e pluralistica, in modo che la loro eventuale adesione successiva a una religione sia davvero una scelta autonoma e non il mero replicarsi di automatismi comunitari.

Del resto non c'è comunitarista più spinto che non metta da qualche parte un limite alla possibilità per le comunità di pretendere diritti speciali a danno dei singoli. Persino Charles Taylor è pronto ad ammettere che, quando sono in questione diritti fondamentali come quello alla vita e alla libertà di espressione, non c'è cultura né fede che tenga.[30] Ma chi lo stabilisce questo limite e secondo quale criterio? Perché la libertà di espressione sta dentro e altri diritti fondamentali no? E poi: quale libertà di espressione? Quella radicale, che implica anche la libertà di offesa e la blasfemia, o no?

Nessuno infatti – neanche il più conservatore dei fondamentalisti religiosi – ammetterebbe apertamente di essere contro la libertà di espressione. L'*escamotage* utilizzato di norma è quello di spostare la questione sul piano dell'offesa. "Questa non è libertà di espressione ma offesa della sensibilità religiosa" è l'argomento standard che, a partire dal caso Rushdie per arrivare a "Charlie Hebdo" passando per la vicenda delle vignette danesi, è da sempre stato utilizzato dagli islamisti per condannare coloro che avrebbero appunto "offeso" l'islam. Ma la mia sensibilità non può essere misura della tua libertà: se sono io che, arbitrariamente e in base a un mio insindacabile giudizio, stabilisco quando tu mi offendi, sto limitando la tua libertà di espressione e di critica. La stragrande maggioranza delle critiche a una religione/cultura/filosofia e, più in generale, a uno stile di vita sono vissute come offesa da chi ne è portatore. Ma, così come la libertà di religione non può non includere la libertà di apostasia, la libertà di espressione non può non includere la libertà di offesa.

Un altro principio che va sovraordinato a qualunque pretesa di diritti dei gruppi è quello dell'integrazione sociale: una società solidale e coesa fondata sul rispetto della libertà e dell'autonomia dei singoli deve essere un obiettivo prioritario di qualunque democrazia liberale, ed è nell'interesse sia di chi vive già nel paese sia di chi vi giunge.

Una delle richieste più comuni dei gruppi di immigrati è poter conservare la propria lingua, tramandarla ai figli, insegnarla nelle scuole. Poiché però la lingua è il primo e principale strumento di integrazione in un paese straniero, l'insegnamento della lingua madre nelle scuole può essere accettato e persino incoraggiato solo nella misura in cui non si configuri come un ostacolo all'integrazione. Ben vengano dunque, per esempio, le classi bilingue purché non diventino dei ghetti, per evitare i quali è necessario porre una grande attenzione alla composizione equilibrata delle classi fra madrelingua e stranieri. Talvolta "mantenere la propria lingua" è uno strumento di autosegregazione: si guarda la tv della propria terra madre, si leggono i giornali nella propria lingua, si frequentano solo i propri connazionali. In un contesto simile è cruciale che a scuola i bambini imparino la lingua del paese in cui vivono.

Come ho già accennato, io e la mia famiglia viviamo a Francoforte, dove abbiamo avuto la fortuna di poter scegliere per i nostri figli una scuola (pubblica) in cui è attivo un programma bilingue tedesco-italiano. In classe gli italiani sono in minoranza, pertanto la lingua dominante è il tedesco, e questo garantisce una perfetta integrazione dei nostri figli nel contesto sociale del paese in cui abbiamo scelto di vivere, consentendoci di coltivare l'italiano come valore aggiunto. Se la situazione dovesse ribaltarsi, però, non esiteremmo un solo momento a trasferire i bambini in una classe di soli tedeschi, perché mai sacrificheremmo la loro integrazione al mantenimento della nostra cultura.

Non c'è alcun dubbio che subordinare le richieste dei gruppi alla tutela dell'autonomia dei singoli e alle necessità di integrazione si porti appresso il rischio che alcuni elementi di alcune culture si perdano, ma è un rischio da mettere in conto e di cui assumersi la responsabilità.

5.4 *Giù le mani dai bambini*

Ancora più radicalmente: esistono gruppi e comunità la cui stessa esistenza si fonda sull'autosegregazione dal resto del mondo, che non si attua, come nella vita monastica, per una legittima scelta autonoma presa da adulti, ma per la perpetuazione di una segregazione di generazione in generazione, dunque imposta ai bambini. Non si tratta solo di dispute teoriche, ma di questioni che hanno dato adito a casi concreti. Un esempio del 1972, ma ancora estremamente attuale e certamente emblematico, è il caso Wisconsin *vs* Yoder,[31] in cui la Corte suprema statunitense concesse a una famiglia amish[32] di ritirare i propri figli da scuola prima del termine dell'età dell'obbligo (che all'epoca nel Wisconsin era sedici anni, oggi è diventato diciotto) sulla base del primo emendamento della Costituzione americana, quello sulla libertà di religione.

L'argomentazione della Corte è per un verso surreale, per l'altro estremamente significativa: essa afferma che l'interesse dello Stato nell'educazione dei suoi cittadini deve tenere in conto altri diritti fondamentali, nel caso specifico quello della libertà di religione garantito dal primo emendamento. Mentre frequentare la scuola elementare era accettabile per gli amish, in modo che i figli acquisissero le competenze di base per poter "leggere la Bibbia, essere buoni contadini e cittadini ed essere in grado di relazionarsi con i non amish se fosse stato necessario" nel corso della loro vita, frequentare la scuola superiore, oltre a contrastare con i propri princìpi religiosi, "avrebbe messo seriamente a rischio la salvezza propria e quella dei propri figli". Di questo infatti erano convinti, sulla base della propria fede, i genitori dei bambini in questione. Le citazioni sono tratte dalla sentenza della Corte che, sulla base di queste dichiarazioni e di varie testimonianze, ha stabilito che le credenze religiose dei ricorrenti erano "sincere".

Questo è un punto centrale: gli argomenti portati dagli amish erano degni di tutela "perché fondati su credenze religiose". Se infatti, continua la sentenza, "gli amish avessero sostenuto le loro posizioni sulla base di una soggettiva valutazione e un soggettivo rifiuto dei valori secolari contemporanei accettati dalla maggioranza, un po' come Thoreau rifiutò i valori sociali del suo tempo e si ritirò in isolamento a Walden

Pond,[33] le loro affermazioni non si fonderebbero su una base religiosa", e dunque non potrebbero invocare la tutela del primo emendamento, come non avrebbe potuto fare il povero Thoreau.

Infine, l'elemento cruciale: nonostante la *dissenting opinion* di uno dei giudici, che sottolineava come fossero in questione non solo la libertà religiosa dei genitori ma anche i diritti dei bambini, la Corte ha sentenziato: "I bambini non sono parte di questa disputa", dando assolutamente per scontato che i figli siano proprietà dei genitori anzi, di più, strumento dei genitori per praticare la propria fede e addirittura aspirare alla salvezza. "Una cosa è dire che l'istruzione obbligatoria nella scuola superiore può essere necessaria per preparare i bambini alla vita nella moderna società in cui vive la maggioranza," scrivono i giudici, "un'altra cosa è se l'obiettivo dell'istruzione è visto come preparazione del bambino alla vita in una comunità agricola separata, elemento centrale della fede amish." La segregazione è servita, con buona pace dei diritti dei bambini.

Certo, imporre agli amish che i figli frequentino la scuola pubblica per tutta la durata dell'obbligo scolastico implicherebbe quasi automaticamente la dissoluzione della comunità, ma il diritto dei bambini a prendere decisioni autonome – diritto esercitabile solo se vengono educati al pensiero critico – deve prevalere sulla sopravvivenza di una comunità, non foss'altro che per il rispetto dovuto a chi non ha potuto scegliere in quale contesto culturale nascere. Essere nati in una famiglia piuttosto che in un'altra è frutto del puro caso e, così come lo Stato, in una prospettiva progressista, deve tendere a rimuovere tutti gli ostacoli di ordine economico e sociale che svantaggiano i figli delle classi sociali più deboli – questo è uno degli obiettivi della scuola pubblica, gratuita e obbligatoria –, allo stesso modo si dovrebbero mettere in atto misure volte a minimizzare le influenze dell'appartenenza culturale e religiosa, affinché la persona cresca il più libera possibile di scegliere il proprio percorso di vita.

Anche in questo caso: è ovvio che non ci sia bambino al mondo che nasca nel vuoto culturale, ma questo non significa che non sia comunque possibile tendere verso una sempre maggiore autodeterminazione dei bambini. La storia dei rapporti fra genitori e figli – e della relazione educativa in generale – è una storia di progressiva emancipazione dall'idea proprietaria dei figli: l'atto di generare non dà un potere assoluto su questi ultimi.

Che i bambini siano soggetti autonomi di diritti è un'acquisizione molto recente, che ha enormi conseguenze sul potere dei genitori nei confronti dei figli. Oggi sono inaccettabili molti comportamenti che fino a una o due generazioni fa erano la norma nelle relazioni genitori-figli, e in alcuni contesti culturali (non è necessario andare lontano, basta rimanere in Italia, soprattutto nelle regioni meridionali) sono ancora perfettamente accettati comportamenti – come alzare la voce o "strattonare" i bambini – che in altri non sono più tollerati. Nonostante si tratti di un percorso non ancora compiuto – e probabilmente per definizione impossibile da compiere in maniera definitiva data la strutturale asimmetria nel rapporto genitori-figli –, è tuttavia possibile individuare un percorso (in cui non possiamo tollerare alcun passo indietro) che tende a un sempre più ampio riconoscimento dei diritti dei bambini.

Assumere come orizzonte autonomia e indipendenza dei figli dai genitori non significa affatto – come una banale semplificazione potrebbe indurre a pensare – rinunciare a educare i figli. Al contrario: rende il compito educativo di tutti gli adulti molto più complicato ma anche più ricco, perché si tratta di fornire ai bambini gli strumenti per la propria stessa emancipazione: un'impresa tutt'altro che semplice che non si traduce certo nel far crescere i bambini in un vuoto di valori, come se il pensiero laico e critico non fornisse di per sé un solido quadro morale di riferimento.

5.5 *La legge è uguale per tutti*

Una delle condizioni di un governo repubblicano individuate da Kant è la dipendenza di tutti da un'unica legislazione comune.[34] Quello dell'universalità della giurisdizione è un principio irrinunciabile di uno Stato di diritto, mentre una delle conseguenze più coerenti – ma anche più inaccettabili – della logica comunitarista e multiculturalista è quella del cosiddetto pluralismo giuridico, ossia l'introduzione di sistemi giuridici paralleli a seconda della "comunità" etnico-religiosa di appartenenza. Per farlo non sono necessarie grandi ed eclatanti riforme, bastano piccole concessioni alle richieste di alcuni gruppi spesso minoritari ma molto militanti e il gioco è fatto.

Ogni crepa però, anche la più piccola e apparentemente insignificante, al principio del monismo giuridico – secondo il quale tutti i soggetti di una comunità politica devono essere sottoposti al medesimo ordinamento giuridico – è una porta aperta a possibili violazioni dei diritti umani,[35] a prescindere dalle intenzioni più o meno nobili di chi avanza queste proposte. "La legge è uguale per tutti" non significa solo che di fronte alla legge non ci sono privilegiati, ma anche e soprattutto che c'è una sola e medesima legge a cui tutti i cittadini sono sottoposti. Usando le parole di Pena-Ruiz, "il *diritto alla diversità* rischia di sfociare nella diversità dei diritti".[36]

Da questo punto di vista è stata esemplare la sentenza 24084/2017 della prima sezione della Cassazione[37] che ha respinto il ricorso presentato da un uomo contro la decisione del tribunale di Mantova che lo aveva condannato a una multa perché portava un coltello "della lunghezza di 18,5 cm senza giustificato motivo". L'uomo aveva il coltello per motivi religiosi, essendo lui sikh,[38] e aveva fondato il suo ricorso appellandosi all'articolo 19 della Costituzione, quello sulla libertà di religione, che recita: "Tutti hanno diritto di professare liberamente la propria fede religiosa in qualsiasi forma, individuale o associata, di farne propaganda e di esercitarne in privato o in pubblico il culto, purché non si tratti di riti contrari al buon costume".

La Cassazione ha respinto il ricorso argomentando che "la libertà religiosa, garantita dall'articolo 19 invocato, incontra dei limiti, stabiliti dalla legislazione in vista della tutela di altre esigenze, tra cui quelle della pacifica convivenza e della sicurezza, compendiate nella formula dell'ordine pubblico". E conclude che "va affermato il principio per cui nessun credo religioso può legittimare il porto in luogo pubblico di armi, di oggetti atti a offendere". La Cassazione si richiama anche all'articolo 9 della Convenzione europea dei diritti dell'uomo che, al secondo comma, stabilisce che "la libertà di manifestare la propria religione o il proprio credo può essere oggetto di quelle sole restrizioni che, stabilite per legge, costituiscono misure necessarie in una società democratica, per la protezione dell'ordine pubblico, della salute o della morale pubblica, o per la protezione dei diritti e della libertà altrui".

La libertà di religione, in altri termini, non può costituire una giustificazione per contravvenire alle norme di base della convivenza democratica. Questa sentenza è ancor più interessante in quanto riguarda una tradizione in effetti del tutto innocua e una comunità religiosa in Italia molto piccola e nota per il suo livello di integrazione. In uno Stato di diritto, però, nessuno è *legibus solutus*, il che vale anche per associazioni, comunità, Chiese, partiti, gruppi, famiglie. La caratteristica fondamentale della legge è, appunto, la sua universalità. Il punto è quindi che, all'interno delle comunità (a partire dalla famiglia per finire alle diverse Chiese), non possono valere legislazioni speciali e, soprattutto, norme in deroga ai princìpi costituzionali.

Purtroppo, come abbiamo visto nel paragrafo 2.3, sussistono ancora invece nel nostro ordinamento residui di questi privilegi. Ma, da un punto di vista progressista e di difesa dei diritti umani, si deve lavorare per eliminare anche questi residui, non certo per estenderli ad altri gruppi.

Curiosamente, l'ipotesi del pluralismo giuridico trova applicazione sempre e solo nei confronti delle rivendicazioni di alcuni specifici gruppi etnico-religiosi, mentre lo giudicheremmo – giustamente – come segno di profondo razzismo se fosse applicato nei "nostri" confronti. Nel 2007 fece scandalo una sentenza del tribunale tedesco di Hannover che concesse le "attenuanti etnico-culturali" a un uomo di ventinove anni, di origini sarde, che aveva segregato per tre settimane, torturato e violentato l'ex fidanzata. Nell'incredibile sentenza si legge: "Si deve tenere conto del particolare retroterra culturale ed etnico dell'imputato. Il ruolo dell'uomo e della donna nella sua cultura non può certo valere come scusante ma *deve essere tenuto in considerazione come attenuante*".[39] Queste parole in relazione a un sardo ci fanno inorridire, ma la logica che sta dietro questa sentenza è esattamente quella del pluralismo giuridico, ossia quella per la quale la legge non è uguale per tutti ma deve "tenere conto del retroterra culturale ed etnico" delle persone.

Un sistema legale unico e valido *erga omnes* è invece l'unica garanzia di uguaglianza dei cittadini e contro la violazione dei diritti umani e ha rappresentato un fondamentale progresso nella storia del diritto. È chiaro che questo è un giudizio di valore e, come tale, si può non condividerlo: chi non ritiene che i diritti fondamentali degli esseri umani siano una conquista di civiltà può anche pensare che lo Stato di diritto non rappresenti un progresso. Si tratta di un'opzione etica originaria e, sebbene razionalmente argomentabile, in ultima analisi soggettiva e arbitraria: se il principio supremo, sovrano, è l'autonomia dell'individuo, allora ne discende una serie di ovvie conseguenze (molto, ma molto più ampie della mera affermazione formale della libertà individuale); se invece questo principio non è sovrano ma subordinato, per esempio, a quello del rispetto delle "culture", è chiaro che le conseguenze politiche sono molto diverse e, per esempio, si potrà giustificare quella famiglia che, in nome delle proprie convinzioni culturali e/o religiose, punisce il figlio perché gay. "È la nostra/loro cultura" può diventare giustificazione per le peggiori atrocità. Perché il punto è: o quello che la "mia" cultura mi trasmette è compatibile con il principio dell'autonomia individuale – e allora non avrò bisogno di invocarla per giustificare le mie azioni – o non lo è: ed è esattamente in questi casi che viene tirata in ballo la "libertà della cultura", che è sempre, in ultima analisi, libertà di opprimere qualcun altro *in nome* della cultura.

Riconoscere i diritti collettivi significa assumere come principio fondamentale quello della pace sociale, non i diritti della persona che si ritengono – almeno parzialmente – sacrificabili alla prima. Posizione legittima, che però si deve avere il coraggio di sostenere apertamente e fino in fondo. E, soprattutto, guardando in faccia coloro ai quali si chiede il sacrificio in nome della pace sociale, a partire dalle donne dei gruppi minoritari.

Che il riconoscimento di diritti speciali di gruppo significhi accettare la possibile violazione di diritti umani all'interno dei gruppi lo ammette candidamente lo stesso Kymlicka: "Di fronte a una minoranza nazionale illiberale, la maggioranza non sarà in grado di prevenire la violazione dei diritti individuali nell'ambito della comunità di minoranza. I liberali nel gruppo maggioritario *devono imparare a convivere con questa cosa*, esattamente come convivono con le leggi illiberali di altri paesi".[40]

Secondo Kymlicka, dunque, la potenziale violazione dei diritti delle persone all'interno di alcuni gruppi è inevitabile e bisogna farsene una ragione, proprio come dobbiamo farci una ragione dell'esistenza di paesi dove vigono leggi illiberali. L'analogia, però, non funziona per due motivi: innanzitutto, non è affatto irrilevante se stiamo parlando di relazioni tra gruppi *all'interno* di una comunità politica, che è tale solo se condivide certi princìpi di base, o di relazioni fra Stati. In secondo luogo, delle leggi illiberali vigenti negli altri paesi non bisogna farsi una ragione affatto (il che, sia detto per inciso e a scanso di equivoci, non c'entra nulla con la retorica dell'esportazione della democrazia con le armi). Di recente la campionessa mondiale di scacchi Anna Muzyčuk ha deciso di rinunciare a difendere i suoi titoli mondiali pur di non dover sottostare alle leggi illiberali, a partire dall'obbligo del velo, dell'Arabia Saudita, dove si sono svolti gli ultimi campionati. Fra l'imposizione coercitiva del liberalismo (che peraltro è una contraddizione in termini) e la passiva accettazione dello *status quo* c'è moltissimo margine di manovra politico e culturale, sia all'interno di una comunità politica sia nel rapporto fra Stati.

Sebbene Kymlicka faccia molti sforzi per tentare di sottrarre la questione di quelli che definisce "diritti differenziati per gruppo" alla dialettica fra comunitaristi – che partono dalla comunità, alla quale riconoscono diritti in quanto tale anche a costo di limitare la libertà dei singoli individui – e individualisti – che partono invece dall'individuo e vedono la comunità solo come strumento di realizzazione dei suoi membri –, la conclusione cui giunge è appunto un sostanziale pluralismo giuridico molto simile a quello sostenuto dai comunitaristi *tout court*: "Molti di questi diritti [differenziati per gruppo] non hanno a che fare con la priorità delle comunità o degli individui ma sono basati sull'idea che la giustizia tra gruppi imponga che a membri di gruppi diversi vengano accordati diritti diversi".[41]

In cosa si traduce questo? Kymlicka è esplicito: "Anche se rifiutiamo l'opzione che i gruppi di immigrati ricreino la loro cultura societale [ossia l'intero sistema culturale di provenienza che include anche aspetti istituzionali], rendere possibile l'integrazione può richiedere alcune modifiche alle istituzioni della cultura dominante sotto forma di diritti polietnici specifici per gruppi, come il diritto per ebrei e musulmani all'esenzione dalla legislazione sulla chiusura domenicale dei negozi o per i sikh da quella sull'obbligo di indossare il casco sulle moto".[42]

Come si fa a non vedere che un simile approccio condurrebbe a un ingestibile caos? Chi stabilisce quali sono le rivendicazioni meritevoli di diritti speciali e quali no? Perché le motivazioni di un sikh per non indossare il casco devono essere considerate più meritevoli rispetto a quelle di un adolescente che non vuole rovinarsi la capigliatura? Solo perché sono "religiose"? Come dimostra il caso della Chiesa degli spaghetti volanti cui abbiamo già accennato, questo è un argomento scivolosissimo. Basterebbe che tutti gli adolescenti che non vogliono indossare il casco si dichiarassero sikh, e il gioco è fatto. La legge sull'obbligo del casco è fondata su ragioni di protezione dell'incolumità delle persone e di prevenzione di inutili spese a carico del sistema sanitario e può trovare limitazioni esclusivamente in eventuali ragioni di salute, non certo in opinioni personali più o meno religiosamente fondate.

La legislazione sulla chiusura settimanale dei negozi ha un chiaro valore nell'organizzazione di una società. Non c'è dubbio che di norma il giorno di riposo settimanale abbia a che fare con le tradizioni religiose dei vari paesi, ma questa non è una ragione sufficiente per concedere esenzioni alle singole comunità religiose. Anche perché – di nuovo – non si capisce perché le ragioni di ebrei e musulmani debbano valere più di quelle di qualcuno che, per sue personali convinzioni o perché glielo impone la sua personale fede (praticata magari da lui solo, ma non per questo meno meritevole di rispetto), pretende il giorno di riposo settimanale, poniamo, il mercoledì. Quando una società raggiunge un grado di disomogeneità tale per cui non c'è più un accordo generale su quale debba essere il giorno di riposo settimanale, la cosa più ragionevole non è certo quella di concedere che ognuno faccia per sé, ma di decidere collettivamente e laicamente (con metodi trasparenti e democratici) un altro giorno di riposo settimanale che non abbia connotati religiosi. La stessa cosa potrebbe valere per le festività in generale. Non si capisce infatti come potrebbe armoniosamente funzionare una società altamente disomogenea in cui ciascuno si astenga dal lavoro nel giorno prescritto dalla propria fede..

Una volta aperta la porta ai "diritti dei gruppi", porre un limite è infatti pressoché impossibile.

5.6 *La versione "soft" del pluralismo giuridico: accomodazionismo e "ponziopilatismo"*

Un *escamotage* per far rientrare dalla finestra il pluralismo giuridico che, a fatica, si è fatto uscire dalla porta è quello di appellarsi non espressamente ai "diritti di gruppi", che come abbiamo visto conducono ad aporie insuperabili, ma alla tutela della "coscienza individuale". È il tentativo portato avanti, per esempio, da Martha Nussbaum là dove sostiene che, se una legge di uno Stato, pur non avendo un intento persecutorio, "grava" sulla libertà di coscienza di qualcuno è opportuno invocare un'esenzione speciale chiamata "accomodazione".[43]

Per chiarire quali siano le questioni per le quali si dovrebbe far ricorso a forme di accomodazione, Nussbaum spiega che le leggi in questione potrebbero per esempio essere quelle che "chiedono agli individui di testimoniare in tribunale durante una festività religiosa, o di prestare servizio militare se questo è proibito dalla loro fede, o di astenersi dal consumo di una droga richiesta da una cerimonia sacra"[44]: in tutti questi casi, lo Stato dovrebbe trovare il modo di "accomodare" le singole coscienze coinvolte, il che si traduce – inevitabilmente – in deroghe alla legislazione in vigore.

Ovviamente la libertà di coscienza che conta ai fini di una tale esenzione è sempre e solo quella legata alla fede religiosa, ogni altro argomento non varrebbe. E già solo questo apre a una gravissima lesione del principio di uguaglianza perché, per esempio, gli atei e gli agnostici non potrebbero mai invocare una simile "esenzione speciale", come se non avessero una coscienza. Non volendo giungere a esempi paradossali come quello della Chiesa degli spaghetti volanti – paradossi che però dimostrano la fallacia di queste argomentazioni –, basti solo pensare all'obiezione di coscienza alla leva militare che in molti casi aveva a fondamento ragioni morali e politiche che – nel quadro tratteggiato da Nussbaum – varrebbero zero se non inserite in una cornice religiosa. È peraltro la stessa Nussbaum a fare riferimento ai limiti di questo approccio: oltre a quello di anarchia, esso conduce a un serio problema di equità perché, scrive la filosofa statunitense, ha "tipicamente favorito la religione rispetto ad altri motivi per cui le persone potrebbero desiderare un'esenzione dalle leggi generali. [...] Non è ingiusto nei loro confronti e gravoso per le prospettive etiche non religiose trattare quelle richieste di accomodazione in modo asimmetrico?".[45] Lo è, ma a quanto pare per Nussbaum non è ragione sufficiente per abbandonare l'accomodazionismo.

Questa posizione si differenzia da quella espressamente comunitarista perché non riconosce direttamente "diritti di gruppo" e la libertà di coscienza cui si richiama "protegge la coscienza dell'individuo, non quella della maggioranza del gruppo a cui appartiene".[46] Nella sua accezione più radicale dovrebbe "accomodare" tutte le coscienze individuali, il che è evidentemente impossibile pena non solo la coesione sociale ma anche la minima possibilità di una convivenza organizzata, e dunque, nei fatti, la posizione accomodazionista non fa che convergere verso quella comunitarista, riconoscendo diritti ad (alcuni) gruppi, in nome della "coscienza individuale".

La posizione di Nussbaum appartiene a tutta una serie di argomentazioni che definirei "ponziopilatesche", che in ultima analisi invitano a farsi gli affari propri e a non impicciarsi nelle questioni interne delle diverse comunità.

Approccio convergente con quello dei fondamentalisti religiosi. "Oggi i neofondamentalisti," scrive Olivier Roy, "non chiedono niente di positivo allo Stato, se non l'astensione: lasciateci portare il velo, mangiare *halal*, salutare senza stringere la mano ecc."[47] L'elenco potrebbe continuare: lasciateci impedire le trasfusioni di sangue, educare i nostri figli come vogliamo noi, curare i gay, impedire alle donne di abortire ecc. E a poco valgono i tentativi di mettere alcuni paletti, come quello della tutela dell'integrità fisica o dell'odio nei confronti di altri gruppi: una volta che si stabilisce l'idea che nessuno – né lo Stato con le leggi né altri cittadini nell'ambito del discorso pubblico – possa intromettersi negli affari interni di una comunità, a partire dalla più piccola che è la famiglia, il piano è inclinato a sufficienza per giungere a conseguenze aberranti che ci riportano indietro di secoli.

È sorprendente come Roy non si accorga delle potenziali conseguenze del suo approccio "tollerante". A proposito dei movimenti che lui chiama "neofondamentalisti", sottolinea che spesso questi movimenti non pretendono una "presa del potere politico" ma si limitano a reclamare il diritto di applicare le loro regole solo nell'ambito dello "spazio religioso". "Le regole," scrive Roy, "si applicano solo al credente."[48] Poiché però non esiste "il credente", ma esistono i credenti, ciascuno con la sua propria "sfumatura" di fede, chi stabilisce chi è dentro e chi è fuori dalla comunità? A chi si applicano le regole e a chi no? È ovvio che un simile approccio va a braccetto con la retorica dell'autenticità e con la narrazione dei fondamentalisti che pretendono di individuare le caratteristiche del "buon" credente. Il punto è che lo Stato democratico di diritto non può alimentare simili dinamiche e deve avere come unico interlocutore l'individuo, a prescindere dalle sue appartenenze.

Questi sistemi paralleli sono accettabili per Roy a condizione che si tratti di vincoli sociali "pattuiti da adulti consenzienti".[49] Ma come si può pensare che una persona possa scegliere diversamente se la sua socializzazione è sempre rimasta interna alla comunità? La precondizione di una scelta libera – abbiamo già avuto occasione di sottolinearlo – è un'educazione laica e il più possibile svincolata dalle pressioni sociali, culturali, familiari, non necessariamente coercitive ma talmente interiorizzate da rendere qualunque scelta dissenziente quasi un atto di eroismo con costi psicologici, emotivi e sociali molto alti.

5.7 *Un esempio di pluralismo giuridico: i tribunali della* sharia

Se la legge non è più uguale per tutti, a pagarne le conseguenze sono innanzitutto i soggetti più deboli di una comunità, molto spesso le donne.

Particolarmente sensibile a questi "bisogni comunitari" è infatti l'ambito delle relazioni familiari. Tariq Modood, esponente di un comunitarismo molto più radicale di quello di Kymlicka, per esempio, si chiede: "Chi decide cosa è matrimonio e cosa è divorzio? La maggior parte dei paesi occidentali vieta di avere più mogli allo stesso tempo ma non limita il numero di amanti o partner; alcuni musulmani credono che ci sia spazio contemporaneamente per quattro partner femminili ma non fuori dal matrimonio. Deve essere riconosciuta solo una di queste concezioni davanti alle corti di giustizia?".[50] Ecco che la strada per i tribunali religiosi è aperta. E non si tratta di mere ipotesi speculative.

In Grecia la *sharia* è legge per la comunità musulmana della Tracia e solo recentemente sono stati posti dei (blandi) vincoli alla sua applicazione.[51]

Quella che segue, invece, è una delle tante testimonianze di donne musulmane che si sono trovate incastrate – loro malgrado – nei tribunali della *sharia* nel Regno Unito, raccolte dall'associazione britannica One Law for All: "Il mio ex genero venne nella moschea del nostro quartiere e annunciò ai fedeli in preghiera che ero 'una donna di facili costumi' e che costringevo le mie figlie a prostituirsi. Chiese agli anziani di aiutarlo a riprendersi la moglie e i figli per poter salvare la loro anima. La moschea (che si trova nell'East London) mandò una delegazione a casa mia per riferirmi quelle accuse e per convincermi a restituire mia figlia a suo marito. Ne fui sconvolta. Alla porta si presentarono cinque uomini, dei quali ne riconobbi soltanto uno, il marito di un'amica nonché ex vicina di casa. Entrarono in casa e mi raccontarono quel che mio genero aveva detto di me. Mi dissero che avrei dovuto costringere mia figlia a tornare da lui. Obiettai che Lubna aveva ottenuto il divorzio, ma mi risposero che il divorzio inglese non contava nulla e che non era valido per la legge islamica".[52]

Un recente Rapporto voluto dal governo sul fenomeno ha stimato che nel Regno Unito sono operativi fra i trenta e gli ottantacinque tribunali della *sharia,*[53] numero in continuo aumento. Sebbene il Rapporto specifichi che questi "tribunali" – che si autodefiniscono "consigli della *sharia*" – non godono di un riconoscimento legale e non hanno valore vincolante di fronte alla legge inglese,[54] "essi hanno capacità decisionale in tema di divorzio islamico".[55]

Il caso dei tribunali religiosi è particolarmente controverso perché si occupano di un ambito estremamente delicato, quello del diritto familiare, che sempre e in ogni parte del mondo ha rappresentato il luogo della negazione o dell'avanzata dei diritti delle donne. A confermarlo è lo stesso Rapporto del governo inglese, secondo il quale la quasi totalità di coloro che si rivolgono ai tribunali della *sharia* sono donne che vogliono ottenere un divorzio islamico. Le ragioni per cui le donne fanno ricorso a un tribunale della *sharia* sono le seguenti: "*a*) il fatto di non aver registrato il matrimonio civilmente e di non avere dunque accesso al divorzio civile; *b*) il fatto che le proprie convinzioni religiose impongano loro di ottenere un divorzio religioso prima di poter andare avanti con la propria vita; *c*) il fatto che la propria famiglia di origine, quella del marito, e la comunità tutta pretendano un divorzio religioso per accettare la fine del rapporto; *d*) la convinzione che nei paesi musulmani non valga il divorzio civile ma quello islamico; *e*) i costi proibitivi del divorzio civile; *f*) il fatto che ottenere il divorzio islamico possa essere più veloce; *g*) la convinzione, errata, che il divorzio islamico sia sufficiente".[56] Il problema riguarda esclusivamente le donne perché gli uomini godono, secondo la *sharia*, del diritto al ripudio, il *talaq*, che si attua in forme diverse ma che comunque non è legato a una pronuncia di un "consiglio" di imam, a cui invece deve ricorrere una donna che intende divorziare.

Il Rapporto è stato fortemente criticato[57] perché – dopo aver ammesso che nei tribunali della *sharia* si verificano pratiche discriminatorie – ne raccomanda la "regolamentazione" invece che dichiararli illegali, con la seguente motivazione: "I consigli della *sharia* vanno incontro a un bisogno di alcune comunità musulmane. C'è una richiesta di divorzio religioso, una richiesta soddisfatta attualmente dai consigli della *sharia*".

Peccato che il problema stia proprio qui. Infatti, anche se i tribunali della *sharia* dovessero mettere in pratica tutte le singole raccomandazioni proposte dal Rapporto, la discriminazione di genere è la loro ragion d'essere: è proprio perché nella *sharia* una donna non ha lo stesso diritto al ripudio di un uomo che ha bisogno di ricorrere a un tribunale della *sharia*, un presupposto del tutto non "regolamentabile". Come si legge nel "parere discordante" di uno dei membri della commissione che ha redatto il Rapporto, "il primo e fondamentale principio dei consigli della *sharia* è l'applicazione della *sharia* ed è discutibile che lo Stato possa avere un qualche ruolo di regolamentazione, fornendo di fatto uno *status* semilegale a questi consigli".[58] Come a dire: i tribunali della *sharia* sarebbero accettabili se... non fossero della *sharia*!

I casi infatti sono due: o la legge che si applica in questi tribunali è pienamente conforme al diritto vigente – e allora sono inutili – o con essi si chiedono sostanzialmente delle eccezioni al diritto vigente – e allora sono inaccettabili.

5.8 *La prospettiva cosmopolitica*

Fra i diritti dell'individuo e i diritti dei gruppi c'è dunque un'insanabile aporia che rende indispensabile prendere posizione su quali debbano prevalere. Si tratta di un'opzione etica di fondo, che comporta enormi conseguenze morali e politiche. Non c'è alcun dubbio che le nostre società si debbano oggi misurare con quelli che Seyla Benhabib chiama "conflitti multiculturali",[59] ma si tratta in realtà di conflitti che spesso sono effetto e non causa di specifiche politiche, e ai quali in ogni caso non si può rispondere accettando il principio multiculturalista dei diritti di gruppo e sacrificando anche solo parzialmente quelli dei singoli membri del gruppo.

"Perché," si chiede Benhabib, "gli obiettivi di un'identità collettiva dovrebbero avere maggiore peso dei valori di un'articolazione morale ed estetica del sé?"[60] La risposta potrebbe essere che questa fantomatica "identità collettiva" costituirebbe un fondamentale elemento di quell'"articolazione morale ed estetica del sé". In altre parole, non può esserci un "io" senza un "noi". È la proposta di Habermas, secondo il quale non è necessario un modello teorico diverso dal liberalismo classico per contemplare i diritti dei gruppi, perché "l'integrità di una persona giuridica individuale non può essere garantita senza proteggere le esperienze intersoggettivamente condivise e il contesto di vita nel quale la persona si è socializzata e ha costruito la propria identità".[61]

Questo però non è sempre vero, perché talvolta, proprio per proteggere l'integrità di una persona, è necessario allontanarla dal contesto in cui è nata e ha formato la propria identità. Nessuno si sognerebbe di rivendicare la necessità di proteggere il "contesto di vita" di un bambino che subisce molestie in famiglia. Sarà pure il contesto in cui quel bambino ha formato la propria identità e con ogni probabilità farà molta fatica a liberarsi dalle esperienze in cui si è socializzato, ma questo non giustifica affatto dover accettare fatalisticamente quel contesto. Il che non significa che "le esperienze intersoggettivamente condivise e il contesto di vita nel quale la persona si è socializzata e ha costruito la propria identità", in altri termini l'ambiente culturale e sociale in cui è nata e cresciuta, siano irrilevanti, ma solo che sono secondari rispetto ai suoi diritti umani fondamentali e voler forzosamente inserire il concetto dei diritti di comunità nel quadro del liberalismo classico non fa che generare aporie.

La prospettiva cosmopolitica[62] invece propone di assumere quello dell'autonomia e della libertà degli individui come principio fondamentale, al vaglio del quale far passare qualunque richiesta di diritti collettivi.

Come abbiamo visto nel capitolo precedente, non tutte le rivendicazioni dei gruppi minoritari sono, in sé, istanze progressiste e, da un punto di vista cosmopolitico, quel che va difeso è il diritto di ogni singolo individuo in quanto portatore dell'universalità dell'essere umano, non in quanto membro di un gruppo. È chiaro che, per questa via, si può giungere anche a riconoscere dei diritti ad alcuni gruppi (per esempio, in alcuni casi il diritto di una minoranza a usare la propria lingua), ma lo si fa non in nome di un fantomatico diritto delle minoranze, ma sempre e solo in nome dei diritti umani fondamentali. In una prospettiva universalista e cosmopolitica, l'appartenenza al genere umano è prioritaria, e ogni altra "appartenenza" è secondaria e accettabile solo nella misura in cui non confligge con la prima: "I valori 'tiranni' devono cedere di fronte al primato dei diritti della persona".[63]

A questo proposito è interessante la distinzione proposta da Benhabib fra "*ethnos* – una comunità di destino, memoria e attitudini morali – e *demos* – un insieme di cittadini capaci di democrazia, che possono appartenere o meno al medesimo *ethnos*".[64] L'appartenenza identitaria e la cittadinanza politica non sono la stessa cosa e, se nel corso della storia si sono talvolta sovrapposte, oggi coincidono sempre meno e val comunque la pena tenerle distinte sul piano analitico. Mentre la comunità di destino, l'*ethnos*, è data, la cittadinanza politica è un patto continuamente rinnovato: "Non si nasce eguali; si diventa eguali come membri di un gruppo in virtù della decisione di garantirsi reciprocamente eguali diritti," scrive Hannah Arendt.[65]

In società omogenee da un punto di vista etnico e culturale, la distinzione fra cittadinanza e appartenenza etnica (o religiosa) si può anche ignorare, in una società disomogenea no. Si tratta di una distinzione sempre presente e fattibile sul piano analitico, ma che sul piano politico si manifesta – e va affrontata – soprattutto quando il tasso di disomogeneità della società supera una certa soglia. Più aumenta il grado di disomogeneità della società più è necessario separare nettamente cittadinanza e appartenenza etnico-religiosa, individuando un insieme di valori civili di riferimento che rappresentino il nucleo della cittadinanza, prescindano da appartenenze nazionali, etniche, culturali, religiose e siano a esse sovraordinati.

Quanto più una società diventa disomogenea, tanto

più questo nucleo deve divenire solido e indiscutibile perché altrimenti le spinte centrifughe che provengono dalle rivendicazioni identitarie rischiano di frammentare l'appartenenza alla comunità politica, con il risultato di creare società parallele nelle quali i diritti degli individui perdono la loro cogenza. È il rischio che, secondo Jocelyne Cesari, si sta correndo in Francia, dove "rivendicazioni in termini di specificità vanno generalizzandosi e va indebolendosi il senso di adesione alla comunità nazionale".[66]

A quali condizioni allora si è parte dello stesso *demos* anche se non dello stesso *ethnos*? La risposta di Benhabib, in una prospettiva che potremmo definire cosmopolitico-repubblicana, è la seguente: "Nelle democrazie liberali le concezioni dei diritti umani e di cittadinanza, le tradizioni costituzionali e *le pratiche democratiche di elezione e rappresentanza* costituiscono il *nucleo* normativo dell'integrazione politica. È nei loro confronti che cittadini e forestieri, nativi e residenti stranieri, devono mostrare rispetto e fedeltà, e non nei riguardi di una specifica tradizione culturale".[67]

Il "nucleo normativo dell'integrazione politica", però, non è un oggetto caduto dal cielo, è una costruzione sociale in continuo divenire che viene plasmata nell'ambito di precisi contesti culturali, sociali e politici e che emerge attraverso il conflitto interno. In altri termini, non è una "tavola della legge" data una volta per tutte, "rivelata", che tutti riconoscono spontaneamente come vincolante. È un insieme di valori etici e politici, che vanno quotidianamente scelti e per i quali val la pena combattere. L'appartenenza a uno stesso *demos*, a una stessa comunità politica che condivide un nucleo normativo minimo, implica la possibilità di mettere in discussione valori, usi, tradizioni che contrastano con quel nucleo.

E tutto ciò non ha nulla a che fare con una pretesa "omogeneità": in questi termini sembra metterla Martha Nussbaum che, in riferimento ai casi di Stati

Uniti, India e Australia, scrive: "Tutti e tre questi paesi interpretano l'appartenenza come una condivisione di scopi e ideali, e quindi in un modo che non richiede omogeneità – nel vestire, nelle abitudini alimentari, nelle convinzioni religiose e persino nelle forme di culto".[68] Come se "scopi e ideali" fossero degli oggetti disincarnati e tradizioni e convinzioni fossero vuoti comportamenti esteriori e non essi stessi portatori di "scopi e ideali". Taluni elementi culturali vanno contrastati non in quanto diversi o disomogenei, ma nei limiti in cui mettono in discussione quel nucleo normativo minimo, senza il quale non si dà un *demos*.

A mo' di conclusione: per un progetto di emancipazione universale

Lo scontro delle civiltà è una formula tanto fortunata quanto sciagurata che, lungi dal fotografare una realtà, ha contribuito ad alimentare i conflitti identitari e a spostare il discorso pubblico dal terreno squisitamente politico a quello delle presunte "civiltà".

Riportiamo le parole del già citato Rapporto Onu: "Non c'è nessuno scontro fra civiltà. In aumento è, invece, lo scontro *all'interno di ogni civiltà* fra coloro che sostengono l'eguaglianza e i diritti umani universali e coloro che non lo fanno, talvolta a causa di una ideologia fondamentalista o estremista. L'inviata speciale [dell'Onu] è profondamente preoccupata per la *normalizzazione* dell'ideologia e della retorica fondamentaliste in molti contesti politici, culturali e massmediatici, in particolare attraverso l'aumento della loro accoglienza da parte di candidati e partiti politici *mainstream*. L'alto commissario delle Nazioni Unite per i diritti umani ha recentemente denunciato questa 'banalizzazione del fanatismo'".[1]

La logica che sta dietro la retorica dello "scontro delle civiltà" ha vinto non solo quando la si assume nella sua versione "standard" – Occidente *vs* Oriente, cristianità *vs* islam –, ma anche quando, nel rifiutarla, ci lasciamo condizionare da quello che chiamerei il "complesso del colonizzatore".

Torniamo al caso dei tribunali della *sharia* per

chiarire cosa intendiamo. Tutti i reazionari, omofobi, misogini di casa nostra gioirebbero all'idea di introdurre sistemi legali paralleli con cui risolvere le questioni familiari. Ma se domani Comunione e Liberazione o l'Opus Dei o i testimoni di Geova o una qualunque delle mille sette fondamentaliste cristiane che pullulano in Occidente pretendesse l'istituzione di "tribunali religiosi" che giudichino sulle questioni riguardanti il diritto di famiglia dei credenti – divorzi, affidamento dei figli ecc. –, sono certa che ci sarebbe una sollevazione popolare molto forte per denunciare la violazione dei diritti fondamentali delle donne e dei bambini e che si cercherebbe di impedire con tutte le forze questo vero e proprio scempio dello Stato di diritto.

Perché una simile protesta non si solleva di fronte ai tribunali della *sharia* già operanti in alcuni paesi europei? Il motivo è solo uno: perché si tratta di tribunali islamici. Quando si parla di culture "altre" (e abbiamo cercato di mettere in discussione questa idea di alterità) scatta, a sinistra, un meccanismo per il quale la "nostra" storia di colonialisti imperialisti non ci autorizza a "dare lezioni" a nessuno. Se l'intento nobile di questa posizione è condivisibile, bisogna però stare molto attenti a che non si traduca in una autocensura di fronte alla violazione dei diritti umani in "altre" culture.

Nell'accusa di "paternalismo" – *chi siamo noi per dire a loro?* – c'è una inaccettabile sospensione del piano normativo. Ogni pensiero è pensiero situato, incarnato, figlio di una storia, ma questo non significa che non possa avere un respiro universale. E, soprattutto, una tale osservazione fattuale non può diventare un alibi per sospendere il giudizio e, di conseguenza, per astenersi dall'azione. Trascendere se stessi e "mettersi nei panni degli altri" è la precondizione della politica, altrimenti ci sarebbe solo quotidiana gestione della propria personalissima esistenza.

L'argomento del "chi siamo noi per dire a loro?",

peraltro, pare non fare i conti con il fatto che non stiamo parlando di usi e costumi, ma di diritti. A meno che non si vogliano ridurre i diritti a usi e costumi. In altri termini, non si possono usare contro l'"omologazione" dei diritti gli stessi argomenti che si usano contro l'omologazione, poniamo, delle tradizioni culinarie a causa delle grandi catene come McDonald's: un'omologazione al rialzo dei diritti (e non una al ribasso come sta accadendo in tutto il mondo sul terreno, per esempio, dei diritti dei lavoratori) sarebbe assolutamente auspicabile! O forse "noi" non vogliamo che "gli altri" godano dei nostri stessi diritti?

La critica all'imperialismo si può condurre da un punto di vista multiculturalista (ossia a sua volta settario/identitario) o da un punto di vista universalista/cosmopolitico. Ed è a partire da quest'ultimo che riteniamo che le tradizioni e le culture vadano subordinate ai valori universali di libertà e autonomia degli individui. Da questa prospettiva non si ha minor diritto di criticare un'"altra" cultura rispetto alla "propria". La posizione di chi vuole *imporre* il proprio modello pensando che sia il migliore del mondo non va confusa infatti con quella di chi intende invece *condividere* senza confini percorsi di liberazione ed emancipazione. Da una prospettiva universalistica, cosmopolitica e non Stato-centrica, che considera gli esseri umani facenti parte di un'unica società-mondo,[2] gli argomenti che fanno riferimento a un presunto neocolonialismo che sfrutterebbe il terreno dell'esportazione dei diritti umani e della democrazia cadono. Non si tratta di esportare nulla, evidentemente. Si tratta piuttosto di continuare a percorrere la strada dell'emancipazione insieme a quei pezzi di umanità che in tutto il mondo la stanno già percorrendo.

Se una distinzione fra "noi" e "loro" è pensabile, infatti, non può che essere una distinzione etico-politica: "noi" siamo tutti i progressisti, laici, difensori dei diritti umani, democratici a Roma come a Kabul, a Parigi come a Dacca; "loro" sono tutti i reazionari, autoritari, fondamentalisti di tutto il mondo. I movimenti progressisti – come quelli reazionari e conservatori – sono trasversali alle culture e in tutte le culture portano avanti battaglie molto simili.

Per disinnescare l'argomento del "chi siamo noi per dire a loro?" è necessario sottoporre a critica l'equivalenza fra modernizzazione e occidentalizzazione, troppo spesso sovrapposte. Quello che indichiamo con la parola "modernità" ha incontrato – e continua a incontrare – enormi ostacoli all'interno dell'Occidente stesso. Non è un "prodotto dell'Occidente", come se fosse una sorta di "destino", ma della lotta delle forze progressiste per affrancarsi dal potere eteronomo e arbitrario delle comunità (famiglia-tribù, clan, Chiesa ecc.) sull'individuo.

La modernità è un progetto universale di emancipazione della persona e appiattirla sull'Occidente è altrettanto scorretto quanto appiattire tutto l'islam sull'islamismo: si tratta di un "reciproco gioco di specchi deformanti",[3] un meccanismo psicologico di base, che non appartiene però solo ai membri del gruppo dominante ma è reciproco e del quale non ci si libera assumendo acriticamente lo stereotipo altrui.[4]

Una delle caratteristiche fondamentali della modernità è il passaggio dalla solidarietà di clan a quella di cittadinanza. Si tratta di un passaggio cruciale, che è avvenuto o sta avvenendo un po' in tutto il mondo. In molti Stati mediorientali, come sottolinea Ruba Salih, i "'diritti relazionali', piuttosto che i diritti individuali, sono alla base delle pratiche di cittadinanza"[5] ed è proprio sulla riforma delle Leggi di statuto personale (l'equivalente dei nostri Codici di famiglia) che si gioca la battaglia fra laici e progressisti da un lato e conservatori dall'altro. Un terreno di riforma che è sempre stato un cavallo di battaglia del movimento delle donne,[6] esattamente come in Occidente. "L'uguaglianza dei sessi," scrive Nilufer Göle, "implica una secolarizzazione della legge."[7] Il nesso fra laicità, democrazia ed eguaglianza di genere è indissolubile.

La narrazione dei diritti umani come prodotto dell'occidentalizzazione e come residuo coloniale è peraltro falsa. Secondo questa narrazione, i paesi coloniali avrebbero sempre lavorato per imporre alle colonie i diritti umani, incontrando l'ostilità delle stesse. E invece è accaduto semmai il contrario. Come rileva Elham Manea citando il lavoro di Roland Burke: "Può forse risultare sorprendente come intorno alla metà del Ventesimo secolo erano le potenze coloniali che usavano la strategia del relativismo culturale per negare che i diritti umani sono universali. Esattamente come oggi fanno l'Iran o l'Arabia Saudita, usavano quell'argomento per giustificare la violazione dei diritti dei cittadini nelle loro colonie", un argomento che era avversato invece da queste ultime, che rivendicavano l'accesso ai diritti umani universali in nome della comune umanità.[8]

Una prospettiva che è confermata anche da Hubertine Auclert, la quale, nel suo *Les femmes arabes en Algérie*, sottolinea come i colonizzatori francesi, lungi dall'imporre la legislazione francese anche ai colonizzati, permettessero l'esistenza di un doppio sistema legale, consentendo in particolare che le donne dei paesi colonizzati continuassero a essere assoggettate al diritto consuetudinario islamico, in violazione del diritto francese.[9] Insomma, la narrazione dei diritti umani universali come strumento di colonizzazione è quella che oggi potremmo definire una *fake news* e l'esistenza di sistemi giuridici paralleli è sempre stata una prerogativa di chi vuole negare agli altri diritti di cui egli stesso gode.

Non è neanche ben chiaro che cosa si intenda esattamente quando si parla di "occidentalizzazione". Quando per esempio Adel Jabbar scrive: "La visione eurocentrica è destinata a perdurare finché si è intimamente convinti che il riconoscimento e il rispetto dei diritti umani non possano che transitare attraverso l'acquisizione dei princìpi e dei valori *dominanti occidentali*",[10] cosa intende dire? Anche ammesso che la cultura dei diritti umani abbia avuto origine in Occidente (il che comunque è già discutibile), rifiutarla *in quanto occidentale* equivarrebbe a rifiutare i numeri arabi *in quanto arabi*. La sensazione che si ha leggendo quella frase è che dietro ci sia il tentativo di creare un legame intrinseco fra i diritti umani e altri aspetti della "cultura occidentale" che si rifiutano, come il consumismo. Un nesso che, però, è tutto da dimostrare.

Molto spesso la retorica anticolonialista viene strumentalmente usata per difendere di fatto la violazione dei diritti umani e, soprattutto, per impedire l'affermazione dei diritti delle donne. Una retorica che è stata fatta propria anche da papa Francesco, che in diverse occasioni ha messo in guardia contro la "colonizzazione ideologica" che passerebbe attraverso "l'indottrinamento dei giovani"[11]: il riferimento è, per esempio, agli aiuti allo sviluppo che pongono come condizione per l'erogazione dei fondi la messa in campo di programmi di educazione sessuale. Con una dichiarazione del 2015, i vescovi africani, secondo quanto riportato sul sito di Radio Vaticana, si sono scagliati contro "un nuovo, terribile spirito colonialista che dietro parole allettanti come libertà, uguaglianza, diritti, autonomia, democrazia e sviluppo impone programmi denominati eufemisticamente 'Salute e diritti sessuali e riproduttivi come condizione per gli aiuti allo sviluppo'".[12] Ma cosa si nasconderebbe di così terribile dietro queste denominazioni? Nientemeno che "preservativi, contraccettivi, programmi scolastici di educazione sessuale senza riferimenti morali, aborto, prospettive di genere".[13]

Se pensiamo al pesantissimo ruolo che la Chiesa cattolica ha avuto nella colonizzazione (quella vera), il fatto che si scagli oggi contro una presunta "colonizzazione ideologica" suona davvero come una beffa, eppure questa retorica fa presa su molti, anche – anzi, soprattutto – a sinistra. Il che significa, di fatto, sotto il peso del proprio complesso del colonizzatore, voltare le spalle ai tanti che nel mondo lottano quotidianamente per i diritti umani e che si sentono abbandonati. "La miglior spiegazione che la sinistra occidentale riesce a fornire per la lapidazione di una donna sepolta nella terra fino al collo," scrive con amarezza il giornalista pachistano Umer Ali, "è l'imperialismo dell'Occidente."[14]

Il nostro tempo sembra dunque stretto nell'alternativa fra una deriva comunitarista/multiculturalista, da un lato, e un soggettivismo individualista, narcisista ed egocentrico, dall'altro. Due approcci solo apparentemente distanti ma che in realtà condividono un nucleo fondamentale: una sostanziale indifferenza nei confronti del destino dei singoli esseri umani. Per uscire da questa tenaglia è dunque urgente elaborare una prospettiva solidale, laica, libertaria e universalista: perché i diritti, se non sono universali, si chiamano privilegi.

Note

Introduzione

[1] La definizione è, come è noto, di Zygmunt Bauman, *Modernità liquida* [2000], tr. it. di S. Minucci, Laterza, Roma-Bari 2006.

[2] J. Habermas, *Struggles for Recognition in the Democratic Constitutional State*, in Ch. Taylor *et al.*, *Multiculturalism*, Princeton University Press, Princeton 1994, p. 135, tr. mia.

[3] O. Roy, *Islam alla sfida della laicità. Dalla Francia una guida magistrale contro le isterie xenofobe* [2005], tr. it. di S. Mazzoni, Marsilio, Venezia 2008, p. 140.

[4] F. Engels, *L'origine della famiglia, della proprietà privata e dello Stato* [1884], disponibile al seguente link: https://bit.ly/2lIpfrU.

[5] S. Benhabib, *Another cosmopolitanism*, Oxford University Press, New York 2006, Kindle edition posizione 796.

1. *Laicità come precondizione della democrazia*

[1] Sono perfettamente consapevole che l'uso del termine "fondamentalismo" non sia affatto pacifico. Di questo termine, di quelli affini e del senso che diamo loro in questa sede ci occuperemo più diffusamente nel secondo capitolo.

[2] Metto la parola "comunità" fra virgolette perché è una di quelle classiche parole che sembrano innocuamente descrittive e invece evocano un orizzonte culturale, normativo e politico ben preciso. Il tema sarà trattato nel quarto capitolo.

[3] Letteralmente "norma fondamentale", nella costruzione a gradi dell'ordinamento giuridico tratteggiata da Hans Kelsen, è il fondamento di legittimità di ogni altra norma (cfr. H. Kelsen, *Lineamenti di dottrina pura del diritto* [1934], tr. it. di R. Treves, Einaudi, Torino 1952; Id., *La dottrina pura del diritto* [1960], tr. it. di M.G. Losano, Einaudi, Torino 1966).

[4] M. Gauchet, *La religione nella democrazia* [1998], tr. it. di D. Frontini, Dedalo, Bari 2009, p. 72.

[5] S. Rodotà, *Perché laico*, Laterza, Roma-Bari 2009, p. 22.

[6] Nella *Critica della ragion pura* Kant distingue tre gradi del "tener per vero": "L'*opinare* è un tener per vero insufficiente *tanto* soggettivamente *quanto* oggettivamente, e accompagnato da coscienza. Se il tener per vero è sufficiente solo soggettivamente, ed al tempo stesso viene considerato oggettivamente insufficiente, si tratta di un *credere*. Infine il tener per vero, che sia sufficiente tanto soggettivamente quanto oggettivamente, si chiama *sapere*". In altri termini, la fede è una modalità del "tener per vero" che ha una forza di convinzione soggettiva molto più forte della mera opinione, ma allo stesso tempo non può ambire ad avere cogenza *erga omnes*, come è il caso invece del sapere (*Critica della ragion pura* [1781], "Dottrina trascendentale del metodo", sez. III, a cura di G. Colli, Adelphi, Milano 2001, p. 798 [B 533]).

[7] Ivi, p. 802 [B 535].

[8] A. Filali-Ansary, *Islam e laicità. Il punto di vista dei musulmani progressisti* [1996], tr. it. di A. Puglisi, Castelvecchi, Roma 2003.

[9] Ivi, p. 44.

[10] Anche nel mondo cristiano, in particolare protestante, si possono rintracciare dei veri e propri paladini della separazione fra Stato e Chiesa, invocata però non tanto a difesa dello Stato contro la religione, ma per tutelare quest'ultima dalle ingerenze del primo (cfr. per esempio la storia di Roger Williams raccontata da Massimo Rubboli in *Roger Williams: il puritano precursore della laicità radicale*, in "MicroMega", 3, 2017, pp. 162-176).

[11] Una peculiarità del rapporto fra islam e potere politico è che "contrariamente all'ebraismo e al cristianesimo, che hanno dovuto far fronte al momento stesso della loro nascita e molto tempo dopo a Stati costituiti, [...] l'islam è nato precisamente in un ambiente caratterizzato dall'assenza di uno Stato", A. Filali-Ansary, *Islam e laicità*, cit., p. 113.

[12] M. Gauchet, *La religione nella democrazia*, cit., p. 76. Per la Francia, la tappa più importante nel percorso di secolarizzazione è la legge del 1905 sulla separazione fra Stato e Chiesa. Commenta Olivier Roy: "In Francia la laicità è legata a un preciso contesto storico e politico: la volontà di liberare lo Stato e la società dall'influenza della Chiesa cattolica, più che dalla religione in generale. La Repubblica si è sostanzialmente costruita contro la Chiesa cattolica", O. Roy, *Islam alla sfida della laicità*, cit., pp. 41-42.

[13] O. Roy, *Islam alla sfida della laicità*, cit., p. 29.

[14] M. Gauchet, *Il disincanto del mondo. Una storia politica della religione* [1985], tr. it. di A. Comba, Einaudi, Torino 1992.

[15] M. Gauchet, *Un mondo disincantato?* [2004], tr. it. D. Frontini, Dedalo, Bari 2008, p. 123.

[16] Si veda per esempio G. Kepel, *La rivincita di Dio*, tr. it. di C. Torre, Rizzoli, Milano 1991.

[17] M. Gauchet, *Un mondo disincantato?*, cit., p. 189. Non molto diversa è la tesi di Olivier Roy, secondo il quale "la secolarizzazione non ha cancellato la religione ma, scindendola dal suo contesto culturale, l'ha fatta apparire nei termini di pura religione" producendo non tanto "un 'ritorno' ma una mutazione del religioso", in *La santa ignoranza* [2008], tr. it. di M. Guareschi, Feltrinelli, Milano 2017, pp. 18-19.

[18] M. Gauchet, *Un mondo disincantato?*, cit., p. 18.

[19] Ivi, pp. 185-186.
[20] Ivi, p. 185, corsivo mio.
[21] Id., *La religione nella democrazia*, cit., p. 94.
[22] O. Roy, *Islam alla sfida della laicità*, cit., p. 148.
[23] M. Gauchet, *Un mondo disincantato?*, cit., p. 78, corsivo mio.
[24] Pare infatti che sia andata esattamente così: si veda l'articolo di Guido Tonelli *In principio era il vuoto*, in "MicroMega", 6, 2017, pp. 17-29.
[25] H. Pena-Ruiz, *Che cosa è la laicità. Minoranze e comunità nello Stato democratico* [2003], tr. it. di A. Rosselli e C. Marco, Marco editore, Lungro di Cosenza 2006, p. 72.
[26] M. Gauchet, *La religione nella democrazia*, cit., p. 144.
[27] L'insegnamento della religione cattolica nella scuola pubblica ha infatti per legge carattere confessionale, in quanto impartito da insegnanti indicati dall'autorità religiosa e con contenuti non storico-critici ma dogmatici, come stabilisce il protocollo addizionale all'accordo di modifica del Concordato del 1984 fra la Santa Sede e la Repubblica italiana: "L'insegnamento della religione cattolica [...] è impartito – *in conformità alla dottrina della Chiesa* e nel rispetto della libertà di coscienza degli alunni – *da insegnanti che siano riconosciuti idonei dall'autorità ecclesiastica,* nominati, d'intesa con essa, dall'autorità scolastica", corsivi miei. Sia i contenuti ("in conformità alla dottrina della Chiesa") sia la selezione del personale docente sono dunque nelle mani della gerarchia cattolica.
[28] Nel suo discorso pronunciato al III Congresso dell'Associazione a difesa della scuola nazionale (Adsn), a Roma l'11 febbraio 1950, Piero Calamandrei definì la scuola "organo costituzionale" in quanto istituzione centrale della democrazia (il discorso è disponibile sul sito dell'Uaar al seguente link: https://bit.ly/2KnSX4p).
[29] Di recente il Tribunale amministrativo del Land tedesco Nord Reno-Vestfalia ha stabilito che il Consiglio centrale dei musulmani in Germania (Zmd) non ha titolo per chiedere l'introduzione dell'insegnamento della religione musulmana nelle scuole pubbliche. La motivazione è che lo Zmd non è un'associazione religiosa secondo quanto stabilito dalla Costituzione. Come si vede l'argomentazione è debole, perché fondata sulla condizione di privilegio delle Chiese cristiane in Germania, sul cui modello sono definite le "associazioni religiose": https://bit.ly/2MCjwiJ.
[30] Il pastafarianesimo, o Chiesa degli spaghetti volanti, è una religione fondata dal fisico statunitense Bobby Henderson, il quale, per protestare contro la decisione del ministero per l'Istruzione del Kansas di introdurre nei corsi di scienze il creazionismo come un'alternativa alla teoria dell'evoluzione, nel giugno 2005 scrisse una lettera al ministero in cui chiedeva che anche la teoria della Chiesa degli spaghetti volanti sull'origine dell'uomo venisse inserita nei programmi scolastici. Da allora i pastafariani si sono diffusi in tutto il mondo e continuano a portare avanti battaglie legali per mettere a nudo il regime di privilegio di cui godono le religioni (vedi *infra*, par. 2.3).
[31] Non è solo una provocazione: Jennifer Crepuscolo, che si definisce "una seguace del Culto di Satana" ed è la fondatrice dell'Unione satanisti italiani, ha già iniziato a reclamare parità di trattamento per i satanisti che, a suo dire, sarebbero nel nostro paese ingiustamente perseguitati: cfr. T. Mackinson, *Abruzzo, "task force anti-seguaci del Ma-*

ligno". Unione Satanisti protesta: "Questa è discriminazione religiosa", in "il Fatto Quotidiano", 25 agosto 2017, https://bit.ly/2KADppI.

[32] I Patti lateranensi del 1929, riconosciuti dalla Costituzione repubblicana del 1948, definivano il cattolicesimo religione di Stato in Italia. Fu solo con la revisione del Concordato nel 1984 che questa clausola venne eliminata.

[33] Così recita la seconda formula dell'imperativo categorico di Kant: cfr. *Fondazione della metafisica dei costumi* [1785], a cura di F. Gonnelli, Laterza, Roma-Bari 1997, p. 91 (KGS 429).

[34] I. Kant, *Risposta alla domanda: che cos'è l'Illuminismo?* [1784], in *Scritti di storia, politica e diritto*, a cura di F. Gonnelli, Laterza, Roma-Bari 1999, p. 45.

[35] A. Spinelli, E. Rossi, *Per un'Europa libera e unita. Progetto d'un manifesto* [1941], Fondazione Giangiacomo Feltrinelli, edizione digitale 2017, p. 20, disponibile al seguente link: https://bit.ly/2xDluJA.

[36] Cit. in M. Gauchet, *La religione nella democrazia*, cit., pp. 61 sgg. Lo Stato, per Renouvier, deve dotarsi di un "potere spirituale" che ovviamente "rispetta le libertà individuali e [...] lascia libera espressione alle fedi religiose e al loro culto, nella misura in cui questo legittimo riconoscimento dei diritti di coscienza non si estenda abusivamente ad atti di ingerenza incompatibili con il diritto comune. Nessuna religione può quindi dotarsi di istituzioni che competano con l'autorità civile mettendo in discussione la sua sfera d'influenza o cercando di negarla".

[37] Diritto è "la legge di una coazione reciproca che si accordi con la libertà di ciascuno, sotto il principio della libertà universale", I. Kant, *Primi principi metafisici della dottrina del diritto* [1797], a cura di F. Gonnelli, Laterza, Roma-Bari 2005, p. 57 [232]. Della concezione del diritto in Kant mi sono occupata in *La Terra è rotonda. Kant, Kelsen e la prospettiva cosmopolitica*, Mimesis, Milano 2015. L'universalità come caratteristica fondamentale di un sistema giuridico democratico sarà oggetto del quinto capitolo.

2. *La religione come fenomeno sociale e culturale*

[1] Sull'estensione del fenomeno, che troppo spesso si vuole circoscrivere alle famigerate mele marce, si vedano i libri di Federico Tulli *Chiesa e pedofilia* (2010) e *Chiesa e pedofilia, il caso italiano* (2014), entrambi editi da L'asino d'oro.

[2] "Bastardi islamici" è il titolo che campeggiava sulla prima pagina di "Libero" all'indomani degli attentati terroristici di Parigi del novembre 2015. Per quel titolo l'allora direttore Maurizio Belpietro è stato accusato di "offese a una confessione religiosa mediante vilipendio di persone", aggravate dalla finalità di odio razziale, accuse dalle quali è però stato assolto.

[3] Si veda a tal proposito la testimonianza di don Vitaliano Della Sala sulla sua vita in seminario, pubblicata su "MicroMega", 4, 2018, pp. 169-176.

[4] Persino religioni che tutti consideriamo "intrinsecamente" pacifiche, come il buddismo, possono rivelare una ferocia inaudita: cfr. D.

Berloffa, *Massacrare nel nome del Budda*, in "MicroMega", 8, 2016, pp. 127-137, un volume interamente dedicato ai fondamentalismi delle varie fedi.

[5] S. Harris, M. Nawaz, *L'islam e il futuro della tolleranza* [2015], tr. it. di P. Ferrarini, Nessun Dogma, Roma 2017, pp. 55-56. I testi non sono poi, continua Harris, così elastici come i "moderati" vogliono farci credere: "Non puoi dire, ad esempio, che l'islam imponga di mangiare pancetta e bere alcol", così come "non è possibile affermare che il messaggio centrale del Corano sia il rispetto per le donne, in quanto soggetti moralmente e politicamente uguali agli uomini. Al contrario, è possibile dire che nel messaggio centrale dell'islam le donne sono considerate cittadine di serie B e persino proprietà degli uomini, finché sono in vita" (Ivi, pp. 58-59).

[6] Ivi, p. 27.

[7] Si vedano sia *Miseria dello storicismo* [1943], tr. it. di C. Montaleone, Feltrinelli, Milano 2013, sia i due volumi di *La società aperta e i suoi nemici* [1945], tr. it. di R. Pavetto, a cura di D. Antiseri, Armando, Roma 2003.

[8] A. Maalouf, *L'identità* [1998], tr. it. di F. Ascari, Bompiani, Milano 2000, p. 52.

[9] Cfr. M. Weber, *Sociologia delle religioni* [1920-1921], ed. it. a cura di C. Sebastiani, Utet, Torino 1988, cit. in O. Roy, *Islam alla sfida della laicità*, cit., p. 26.

[10] O. Roy, *Islam alla sfida della laicità*, cit., p. 26.

[11] Olivier Roy osserva, per esempio, che in Egitto il *thar*, la vendetta tradizionale, è molto diffusa tanto fra i cristiani copti quanto fra i musulmani, e che né il Vangelo né la *sharia* sono riusciti a porvi fine (O. Roy, *Islam alla sfida della laicità*, cit., p. 87).

[12] *Ibidem.*

[13] Il giornalista di "Repubblica" Matteo Pucciarelli ha raccontato pubblicamente sul suo profilo Facebook la storia della sua uscita dai testimoni di Geova: "Una decina di anni fa, in piena libertà e coscienza, ho deciso di abbandonare la fede religiosa con la quale mi avevano cresciuto i miei genitori, quella dei testimoni di Geova. [...] Da quel giorno, come le regole della comunità prevedono – norme al di fuori non solo del tempo, della ragione, della civiltà, ma anche dei dettami costituzionali di questo paese –, ho di fatto perso i miei genitori, le mie tre sorelle, mio fratello. Mai più una riunione familiare, naturalmente nessuna festa, nessun invito al matrimonio di due di loro che nel frattempo si sono sposati, telefonate sporadiche (una, due l'anno; adesso neanche quelle). La tua vita va avanti comunque, ma loro non ci sono, non possono né vogliono esserci" (https://bit.ly/2METxXU). Si veda anche la testimonianza di Emidio Picariello, sempre a proposito dei testimoni di Geova, *Geova non vuole che mi sposi*, Editori Riuniti, Roma 2011, e E. Provera, *Dentro l'Opus Dei. Come funziona la milizia di Dio*, Chiarelettere, Milano 2009.

[14] O. Roy, *Islam alla sfida della laicità*, cit., p. 147.

[15] M. Gauchet, *La religione nella democrazia*, cit., p. 23.

[16] Cfr. anche M. Gauchet, *Il disincanto del mondo*, cit., p. XI.

[17] S. Annear, *Woman allowed to wear spaghetti strainer in Mass. license photo*, in "Boston Globe", 13 novembre 2015, https://bit.ly/1Hjcb47.

[18] Il principio secondo il quale ogni Chiesa debba essere sostenuta economicamente dai propri fedeli e che chi non vuole più versare la sua "quota" ne è escluso (come da qualunque associazione per la quale non si paghi la quota d'iscrizione) è sacrosanto, se non fosse per quel piccolo particolare che l'iscrizione a queste particolarissime associazioni che sono le religioni avviene appunto di norma a propria insaputa.

[19] Le cosiddette quote non espresse (ossia quelle di coloro che non effettuano nessuna scelta esplicita di destinazione dell'8 per mille) non rimangono infatti ai cittadini, ma vengono ripartite in proporzione alle quote espresse. E, poiché queste ultime sono in larga misura a favore della Chiesa cattolica, a questa spetta anche una larga fetta delle quote non espresse.

[20] È del marzo 2018 la campagna della Chiesa pastafariana contro le leggi sulla blasfemia in vigore in vari paesi del mondo. La campagna fa leva proprio sul principio che chiunque può arbitrariamente decidere cosa sia blasfemo e cosa no. Per i pastafariani, per esempio, essendo il loro Dio il Mostro degli Spaghetti volanti, la bestemmia più grave è "Dio Scotto", scritta che campeggiava sui manifesti della campagna.

[21] M.C. Nussbaum, *La nuova intolleranza. Superare la paura dell'islam e vivere in una società più libera*, tr. it. di S. De Petris, il Saggiatore, Milano 2012, p. 121.

[22] H. Pena-Ruiz, *Che cosa è la laicità*, cit., p. 76.

[23] Antonio Gramsci osservava che il concordato rappresenta di fatto una limitazione unilaterale della sovranità dello Stato italiano nel proprio stesso territorio: "Un concordato non è un comune trattato internazionale: nel concordato si realizza di fatto una interferenza di sovranità di un *solo* territorio statale. [...] Mentre il concordato limita l'autorità statale di una parte contraente, nel suo proprio territorio, e influisce e determina la sua legislazione e la sua amministrazione, nessuna limitazione è accennata per il territorio dall'altra parte. [...] Il concordato è dunque il riconoscimento esplicito di una doppia sovranità in uno stesso territorio statale", A. Gramsci, *Quaderni del carcere* [1932-1935], edizione critica a cura di V. Gerratana, 4 voll., Einaudi, Torino 2007, vol. III, quaderno 16 (XXII), p. 1866.

[24] M. Gauchet, *Un mondo disincantato?*, cit., p. 186.

[25] S. Rodotà, *Perché laico*, cit., p. 21.

[26] Ivi, pp. 21-22.

[27] O. Roy, *Islam alla sfida della laicità*, cit., p. 97.

[28] Ivi, p. 126.

[29] Onu, *Report of the Special Rapporteur in the field of cultural rights*, A/HRC/34/56, 16 gennaio 2017, pp. 26, 36, 55.

[30] Ivi, p. 58.

[31] In un'ottica di puro contrasto agli usi più smaccatamente politici di alcuni movimenti religiosi, c'è invece chi ritiene che i gruppi fondamentalisti che potremmo definire "apolitici" possano addirittura essere degli alleati. È di questa opinione, per esempio, Maajid Nawaz, secondo il quale "i musulmani conservatori sono potenzialmente alleati preziosi nella lotta contro l'islamismo e il jihadismo, pur essendo in certi casi contrari ad alcuni diritti umani, alla parità di genere o addirittura favorevoli ai delitti d'onore", S. Harris, M. Nawaz, *L'islam e il futuro della tolleranza*, cit., p. 22.

[32] In un articolo del 2016, il giornalista britannico Brian Whitaker ha descritto, per esempio, le connessioni ideologiche e finanziarie fra alcuni gruppi di cristiani fondamentalisti statunitensi e il Qatar musulmano: cfr. B. Whitaker, *Qatar's Christian Crusaders*, al-bab.com, 1 settembre 2016, tr. it. di N. Stabilini, *Fondamentalisti di tutto il mondo unitevi! (Crociati cristiani col denaro del Qatar musulmano)*, in "MicroMega", 8, 2016, pp. 147-162.

[33] Onu, *Report of the Special Rapporteur in the field of cultural rights*, cit., p. 16.

[34] Si veda il volume di "MicroMega", 8, 2016 interamente dedicato ai fondamentalismi delle varie fedi.

[35] Il riferimento è al discorso che Bergoglio ha fatto il 16 giugno scorso in occasione dell'udienza al Forum delle Associazioni Familiari (il testo integrale è disponibile sul sito di "Avvenire" al seguente link: https://bit.ly/2ME3tkE).

[36] R. Salih, *Musulmane rivelate*, Carocci, Roma 2008, pp. 21 sgg.

[37] Cfr. D. Stasi, *La Polonia di Radio Maryja*, in "MicroMega", 8, 2016.

[38] C. Davies, *Polish MPs back even tougher restrictions on abortion*, in "The Guardian", 11 gennaio 2018, https://bit.ly/2mvfVZh. Sulla pesante influenza della Chiesa cattolica nella politica polacca si veda J. Heinen, S. Portet, *Religion, Politics and Gender Equality in Poland*, UNRISD/HeinrichBöll-Stiftung, 2009.

[39] Una campagna di successo, visto che il premier Robert Fico ha annunciato nel febbraio 2018 che non avrebbe ratificato la Convenzione: https://bit.ly/2lIJiqi. Al seguente link è disponibile il testo che è stato letto in tutte le chiese slovacche: https://bit.ly/2tW9Ckt.

3. *L'islam: nuova religione europea*

[1] O. Roy, *Islam alla sfida della laicità*, cit., p. 13.

[2] Ivi, pp. 63-64, corsivo mio.

[3] J. Cesari, *L'islam francese: una minoranza religiosa in costruzione*, in A. Rivera (a cura di), *L'inquietudine dell'islam*, Dedalo, Bari 2002, p. 146.

[4] Si ricorderà la vicenda della mancata nomina di Rocco Buttiglione a commissario europeo nel 2004 dovuta alle posizioni espresse dal politico italiano a proposito dell'omosessualità, da lui considerata un "disordine morale".

[5] F. Khosrokhavar, *L'islam dei giovani in Francia*, in A. Rivera (a cura di), *L'inquietudine dell'islam*, cit., pp. 163-186.

[6] Ivi, p. 165.

[7] Ivi, pp. 168-169.

[8] Ivi, p. 182.

[9] Cfr. G. Kepel, *Jihad. Ascesa e declino. Storia del fondamentalismo islamico* [2000], tr. it. di R. Landucci e S. Liberti, Carocci, Roma 2004.

[10] Abu Laban era il capo della Società islamica in Danimarca e fu tra i più accesi critici delle vignette del "Jyllands-Posten". Fu lui a preparare un vero e proprio dossier sulle vignette per chiedere supporto diplomatico in vari paesi mediorientali contro il giornale. Molto noto per le sue posizioni violente e fondamentaliste, è morto nel 2007.

[11] K. Malik, *Il multiculturalismo e i suoi critici. Ripensare la diversità dopo l'11 settembre* [2013], tr. it. di V. Salvatore, Nessun Dogma, Roma 2016, pp. 61-62.

[12] C. Topçu, *Dieses Votum sagt nicht, was alle Deutschtürken denken* [Questo voto non dice quello che pensano tutti i turchi tedeschi], in "Die Zeit", 17 aprile 2017, https://bit.ly/2lOJLHs.

[13] Can Dündar è un giornalista turco, ex direttore di "Cumhuriyet", un quotidiano molto critico nei confronti di Erdoğan. Per alcune inchieste del suo giornale, Dündar ha trascorso diversi mesi in prigione e dal 2016 vive in esilio in Germania, dove collabora con il settimanale "Die Zeit". L'articolo a cui ci riferiamo è *Lasst sie wählen! Warum geben Türken in Deutschland Erdoğan ihre Stimme?* [Lasciateli votare! Perché i turchi in Germania danno il loro voto a Erdoğan], in "Die Zeit", 26 aprile 2017, https://bit.ly/2MAa13J.

[14] C. Topçu, *Schadenfreude ist das Letzte, was wir jetzt brauchen* [L'ultima cosa di cui abbiamo bisogno oggi è gioire dei mali altrui], in "Die Zeit", 20 giugno 2017, https://bit.ly/2MDCGoF.

[15] Cfr. *Ditib will nicht an Friedensmarsch teilnehmen* [La Ditib non vuole partecipare alla marcia per la pace], in "Die Zeit", 15 giugno 2017, https://bit.ly/2KpKcGY. La Ditib è strettamente legata al governo di Ankara, tanto da essere stata accusata di operazioni di spionaggio per aver segnalato alle autorità turche nomi di presunti oppositori politici di Erdoğan in Germania: cfr. *Razzia bei Imamen wegen Spionageverdachts* [Retata di imam sospettati di spionaggio], in "Die Zeit", 15 febbraio 2017, https://bit.ly/2IH0ZiM.

[16] Cemb, *Pride has the chance to do the right thing*, 28 luglio 2017, https://bit.ly/2IIoOHc.

[17] A. Rizvi, *An Atheist Muslim's Perspective on the "Root Causes" of Islamist Jihadism and the Politics of Islamophobia*, in "Huffintgon Post", 5 marzo 2013, https://bit.ly/2IxezFC.

[18] È la storia per esempio di Rana Ahmad, raccontata nel libro *Frauen dürfen hier nicht träumen. Mein Ausbruch aus Saudi-Arabien, mein Weg in die Freiheit* [Le donne qui non hanno il diritto di sognare. La mia fuga dall'Arabia Saudita, la mia strada verso la libertà], btb Verlag, München 2018. Per aiutare persone come lei, Rana ha fondato l'associazione laica per il sostegno dei rifugiati non credenti Sekuläre Fluchtlinghilfe (https://atheist-refugees.com/).

[19] O. Roy, *Islam alla sfida della laicità*, cit., p. 18.

[20] Fino a giungere a degli effetti surreali, come la recente decisione del Consiglio di Stato francese che impone di rimuovere la croce da una statua di Karol Wojtyła in Bretagna, cfr. A. Tarquini, *Francia, via la croce dalla statua di Wojtyla: protesta la Polonia*, in "la Repubblica", 31 ottobre 2017, https://bit.ly/2zkkjSV.

[21] O. Roy, *Islam alla sfida della laicità*, cit., pp. 22-23.

[22] Cfr. M.G. Muzzarelli, *A capo coperto*, il Mulino, Bologna 2016. Anche il burqa non è un'esclusiva di alcuni paesi musulmani. Gli Haredi Burqa, per esempio, sono una setta ebraica ortodossa che prescrive alle donne appunto di indossare il burqa.

[23] Cfr., solo a mo' di esempio, R. Salih sui casi di Turchia e Iran, *Musulmane rivelate*, cit., pp. 43-77.

[24] Cfr., di Amartya Sen, *Lo sviluppo è libertà. Perché non c'è crescita*

senza democrazia [1999], tr. it di G. Rigamonti, Mondadori, Milano 2001, e il più recente *L'idea di giustizia* [2010], tr. it. di L. Vanni, Mondadori, Milano 2014.

[25] Esemplare sul tema il *Discorso sulla servitù volontaria* [1576] di Étienne de La Boétie, tr. it di F. Ciaramelli, Chiarelettere, Milano 2011.

[26] A proposito dell'insegnamento della religione cattolica nelle scuole, si segnala qui la bella campagna dell'Uaar per la promozione dell'ora alternativa "Posso scegliere da grande?": https://bit.ly/2IMo5EX.

[27] M. Khorchide, *Kopftuchdebatte: Und was sagen die betroffenen Kinder dazu?*, in "Der Standard", 8 aprile 2018, https://bit.ly/2qdIv3o; tr. it. di C. Sciuto, *Velo per le bambine, noi musulmani non dobbiamo rimuovere il problema*, in "MicroMega online", 13 aprile 2018, https://bit.ly/2MDFu5b.

[28] S. Benhabib, *I diritti degli altri. Stranieri, residenti, cittadini* [2004], tr. it. di S. De Petris, Raffaello Cortina, Milano 2006, p. 152.

[29] H. Pena-Ruiz, *Che cos'è la laicità*, cit., p. 83.

[30] M.C. Nussbaum, *La nuova intolleranza*, cit., p. 128.

[31] Ivi, p. 125.

[32] Ivi, p. 126.

[33] *Ibidem*. Notiamo per inciso che, se per qualunque motivo dovesse iniziare a diffondersi la pratica di mandare sistematicamente le bambine alla scuola elementare con i tacchi alti, si imporrebbe la necessità di ragionare su provvedimenti che lo impediscano.

[34] Una trattazione molto ampia di quanto il pregiudizio misogino sia diffuso e trasversale la si trova in P. Ercolani, *Contro le donne. Storia e critica del più antico pregiudizio*, Marsilio, Venezia 2016.

[35] È il caso di alcune studentesse universitarie in Francia: cfr. N. Göle, *L'Islam e l'Europa. Interpenetrazioni* [2005], tr. it. di A. Cossu, Armando, Roma 2013, pp. 150 sgg. C'è chi ha rovesciato a tal punto il senso del velo da proclamare un Hijab Day (https://worldhijabday.com/), sui paradossi del quale si veda il commento di Djemila Banhabib citato più avanti.

[36] Cfr. M.G. Muzzarelli, *A capo coperto*, cit., pp. 10-11.

[37] J. Cesari, *L'islam francese*, cit., p. 148.

[38] Ivi, pp. 150, 153.

[39] Ivi, p. 151 nota.

[40] R. Salih, *Musulmane rivelate*, cit., pp. 41-42.

[41] N. Göle, *L'Islam e l'Europa*, cit., p. 106.

[42] Tanto per fare un esempio recente, dal primo giugno 2018 è in vigore in Baviera una legge che obbliga a esporre in tutti gli uffici pubblici "in modo visibile" una croce come "espressione della storia e della cultura bavarese". Un'iniziativa del presidente del Land Markus Söder, esponente del partito cristiano conservatore Csu, fortemente criticata persino dalle gerarchie cattoliche tedesche, cardinale Marx in testa: cfr. *Kreuz-Erlass: Kardinal Marx wirft Söder Spaltung vor* [Decreto sulla croce: il cardinale Marx accusa Söder di creare fratture], in "Der Spiegel online", 29 aprile 2018, https://bit.ly/2w4VcTk.

[43] Denunciando anche la subalternità delle donne occidentali, specie delle rappresentanti politiche istituzionali che, invece di mostrare la loro solidarietà alle donne che protestano, non esitano a indossare il velo quando vanno in visita in Iran: cfr. la lettera aperta che la campa-

gna My Stealthy Freedom ha inviato alla ministra olandese Kaag, disponibile in italiano al seguente link: https://bit.ly/2z0CGgd.

[44] Lettera di Djemila Benhabib agli studenti e studentesse di Sciences Po, disponibile in italiano qui: https://bit.ly/2z9vRcD.

[45] S. Rodotà, *Perché laico*, cit., p. 43.

[46] M. Ahadi, *L'islam politico e l'inadeguatezza della sinistra*, a cura di C. Sciuto, in "MicroMega", 8, 2016, p. 16.

[47] R. Salih, *Musulmane rivelate*, cit., p. 23.

[48] C'è un'infinità di azioni/gesti/comportamenti contrari all'uguaglianza dei sessi che non sono – per fortuna – vietati e che tuttavia è utile e necessario mettere in discussione nel dibattito pubblico. Nell'estate del 2017 ha fatto molto discutere una foto che ritraeva alcune ragazze in piedi su un palco con in mano degli ombrelli aperti sulla testa di una serie di politici, maschi, seduti sul palco durante un convegno (cfr. K. Riccardi, *Sulmona, politici sul palco protetti da ragazze ombrello: polemiche sul convegno*, in "la Repubblica", 3 luglio 2017, https://bit.ly/2KpoItA). Ora, tenere un ombrello non è vietato, così come non lo è che sia una ragazza a tenere l'ombrello a un uomo di potere. Eppure, quella scena andrebbe "vietata", nel senso che andrebbe resa oscena da un sentire comune diffuso che la giudicasse inaccettabile, impensabile, ripugnante. Sentire comune che ovviamente non si costruisce a suon di decreti.

[49] "Un intervento governativo giusto," scrive Nussbaum, "è stata la decisione che la Bob Jones University dovesse perdere il suo *status* di esenzione fiscale a causa del suo divieto delle relazioni interrazziali. In questo caso la Corte suprema ha riconosciuto che il divieto faceva parte della religione di quell'università, e che quindi la perdita dell'esenzione fiscale avrebbe imposto un 'onere sostanziale' all'esercizio di quella religione. E, tuttavia, la Corte ha stabilito che la società ha un interesse preminente a non corroborare forme di razzismo", M.C. Nussbaum, *La nuova intolleranza*, cit., pp. 121-122.

[50] S. Benhabib, *I diritti degli altri*, cit., p. 167.

4. *L'aporia dell'identità*

[1] S. Huntington, *Lo scontro delle civiltà e il nuovo ordine mondiale. Il futuro geopolitico del pianeta* [1996], tr. it. di S. Minucci, Garzanti, Milano 2000, p. 177.

[2] F. Remotti, *L'ossessione identitaria*, Laterza, Roma-Bari 2017, p. 128.

[3] M. Gauchet, *La religione nella democrazia*, cit., p. 51.

[4] Z. Bauman, *Modernità liquida*, cit., pp. 235-238.

[5] Per la parola identità valgono le stesse osservazioni fatte da Marco d'Eramo rispetto a un'altra parola di gran moda che ha lo stesso destino: "populismo". "Chiedersi 'cosa è' il 'P' [il populismo]," scrive, "sottintende che 'P' sia se non una cosa, almeno un'entità, di cui sia possibile predicare il verbo essere, convinzione a sua volta basata sulla certezza che le parole che usiamo esistano di per sé, che – per usare la terminologia scolastica – gli 'universali' abbiano una loro realtà indipendente. Quando invece tutto il pensiero moderno è basato sulla convinzione 'nomina-

lista' che nega qualunque realtà agli 'universali' relegandoli a semplici pensati dai pensanti: è questo nominalismo che permette di sfuggire alla trappola essenzialista e considerare le parole che noi usiamo nel loro apparire, mutare, trasformarsi di significato, e infine scomparire", M. d'Eramo, *"P" come populismo*, in "MicroMega", 5, 2017, p. 131.

[6] F. Remotti, *L'ossessione identitaria*, cit., p. 117.

[7] Ivi, p. 42.

[8] Ivi, p. 116.

[9] Ivi, p. 119.

[10] Quel che qui si sta tratteggiando è un paradigma teorico, non una descrizione di quel che avviene nella realtà. Nella complessa realtà fenomenica non esiste infatti un individuo *perfettamente* autonomo che scelga in *assoluta* libertà di costruire la propria identità, ma si tratta di un processo che avviene per continue negoziazioni fra un'identità data e le proprie scelte. Cionondimeno, sul piano teorico, è utile un modello astratto come schema concettuale con un valore normativo.

[11] Cfr. F. Remotti, *L'ossessione identitaria*, cit., p. 112. Sono ascrivibili a questo paradigma, per esempio, anche tutti quei tentativi di individuare una fantomatica "identità europea" sulla base della quale scrivere una Costituzione dell'Ue, una prospettiva che fa della Costituzione una sorta di "attestato identitario" anziché un orizzonte in senso lato politico (si veda, a mo' di esempio, E. Galli della Loggia, *Alla ricerca dell'identità europea*, in "MicroMega", 5, 2017, pp. 27-34).

[12] Sulle modalità di costruzione dei gruppi, sulle dinamiche delle loro reciproche relazioni e su quelle fra individui e gruppi di appartenenza si veda H. Tajfel, *Gruppi umani e categorie sociali* [1981], tr. it. di C. Caprioli, il Mulino, Bologna 1999.

[13] A. Maalouf, *L'identità*, cit., pp. 11-12.

[14] Cfr. J. Locke, *Saggio sull'intelligenza umana* [1690], libro II, cap. XXVII "Dell'identità e della diversità", tr. it. di C. Pellizzi, Laterza, Roma-Bari 2017.

[15] A. Maalouf, *L'identità*, cit., p. 13.

[16] Ivi, p. 26.

[17] S. Rodotà, *Il diritto di avere diritti*, Laterza, Roma-Bari 2015, pp. 304-305.

[18] In termodinamica, una struttura dissipativa è un sistema reso stabile dagli scambi energetici con l'esterno.

[19] A. Maalouf, *L'identità*, cit., p. 28.

[20] Ivi, p. 31.

[21] Ivi, p. 21.

[22] A. Langer, *Tentativo di decalogo per la convivenza interetnica*, in "Arcobaleno TN", 1 novembre 1994 (disponibile qui: https://bit.ly/2Kt7z2s).

[23] A. Maalouf, *L'identità*, cit., p. 137.

[24] Ch. Taylor, *The Politics of Recognition*, in Ch. Taylor *et al.*, *Multiculturalism*, cit., p. 25, tr. mia.

[25] Cfr. U. Ali, *L'errore della sinistra di fronte all'estremismo islamico*, tr. it. di A. Tagliavini, in "MicroMega", 4, 2016, pp. 146-156.

5. *Individuo* vs *comunità: critica al multiculturalismo dal punto di vista cosmopolitico*

[1] I termini "comunitarismo" e "multiculturalismo" fanno riferimento a uno spettro di autori con posizioni anche molto diverse fra loro. Qui si farà principalmente riferimento al comunitarismo multiculturalista di Taylor e al multiculturalismo liberale di Kymlicka. Sebbene quest'ultimo elabori la sua posizione proprio cercando di smarcarsi dalla posizione comunitarista, in quel che segue si cercherà di mostrare la sostanziale convergenza delle due posizioni. È per questo che i termini "comunitarismo" e "multiculturalismo" vengono usati in questa sede quasi come sinonimi.

[2] I cittadini provenienti dai paesi del Commonwealth, per fare un solo esempio, hanno pieno diritto di voto in Gran Bretagna nonostante non siano cittadini britannici. Si tratta quindi, almeno da questo punto di vista, di immigrati particolarmente "privilegiati".

[3] Cfr. E. Manea, *Women and Sharia Law*, J.B. Taurus, London-New York 2016, p. 20.

[4] K. Malik, *Il multiculturalismo*, cit., pp. 55, 44.

[5] Ivi, pp. 62-63.

[6] A. Sen, *The Uses and Abuses of Multiculturalism*, in "The New Republic", 27 febbraio 2006, tr. mia.

[7] K. Malik, *Il multiculturalismo*, cit., p. 49.

[8] A. Sen, *The Uses and Abuses of Multiculturalism*, cit., tr. mia.

[9] O. Roy, *Islam alla sfida della laicità*, cit., p. 21.

[10] Ivi, p. 134.

[11] A. Sen, *The Uses and Abuses of Multiculturalism*, cit., tr. mia.

[12] Ch. Taylor, *The Politics of Recognition*, cit., p. 61, tr. mia.

[13] S. Benhabib, *Kulturelle Vielfalt und demokratische Gleichheit. Politische Partizipation im Zeitalter der Globaliesierung* [Varietà culturale e uguaglianza democratica. La partecipazione politica al tempo della globalizzazione], Fischer, Frankfurt am Main 1999, p. 69, tr. mia.

[14] Abbiamo già citato il passo in cui Nussbaum definiva testualmente "ficcanaso e rude" criticare le religioni altrui (cfr. M.C. Nussbaum, *La nuova intolleranza*, cit., p. 121).

[15] A. Maalouf, *L'identità*, cit., p. 100.

[16] Cfr. S. Maani, *Respektverweigerung. Warum wir fremde Kulturen nicht respektieren sollten. Und die eigene auch nicht* [Rifiutare il rispetto. Perché non abbiamo il dovere di rispettare le altre culture. E neanche la nostra], Drava Verlag, Klagenfurt-Wien 2015.

[17] A. Maalouf, *L'identità*, cit., p. 100.

[18] H. Pena-Ruiz, *Che cosa è la laicità*, cit., p. 59.

[19] M. Nawaz, in S. Harris, M. Nawaz, *L'islam e il futuro della tolleranza*, cit., pp. 41-42.

[20] "Il sabato è stato fatto per l'uomo, non l'uomo per il sabato", Mc 2,27.

[21] K. Malik, *Il multiculturalismo*, cit., p. 72.

[22] W. Kymlicka, *Multicultural Citizenship*, Oxford University Press, Oxford 1995 (tr. it. di G. Gasperoni, *La cittadinanza multiculturale*, il Mulino, Bologna 1999), p. 5. Le pagine indicate si riferiscono all'edizione originale inglese e la traduzione dei passi citati è mia.

[23] Ivi, p. 7.
[24] Ivi, p. 42.
[25] Ivi, p. 43.
[26] *Ibidem*.
[27] Con il termine gentrificazione (dall'inglese *gentry*, che indica la borghesia medio-alta) si indica quel fenomeno di riqualificazione e rinnovamento di zone o quartieri cittadini – di norma quelli centrali – con conseguente aumento del prezzo degli affitti e degli immobili, che di fatto costringe gli abitanti originari appartenenti agli strati sociali più popolari a spostarsi verso altre zone.
[28] Cit. in W. Kymlicka, *Multicultural Citizenship*, cit., p. 161, e disponibile al seguente link: https://bit.ly/2z0cyCf.
[29] Ivi, p. 152.
[30] Ch. Taylor, *The Politics of Recognition*, cit., pp. 62-63.
[31] Cit. in W. Kymlicka, *Multicultural Citizenship*, cit., p. 162 e disponibile al seguente link: https://bit.ly/2tVhzGl.
[32] Gli amish sono una comunità religiosa protestante presente soprattutto negli Stati Uniti. Conducono una vita molto semplice, che non prevede l'uso dell'elettricità né delle automobili e limitano al minimo indispensabile le relazioni con i non amish. Hanno di solito famiglie molto numerose e un codice di comportamento molto rigido.
[33] Henry David Thoreau (1817-1862) è stato un filosofo, scrittore e poeta statunitense. Nel 1845 come forma di protesta contro il sistema e per un desiderio di vivere più a contatto con la natura, si stabilì in una piccola capanna da lui stesso costruita presso il lago di Walden (Walden Pond), nei pressi di Concord nel Massachusetts, dove scrisse il libro *Walden ovvero Vita nei boschi*.
[34] "La costituzione è istituita in primo luogo secondo i princìpi della *libertà* dei membri di una società (in quanto esseri umani), in secondo luogo secondo fondamenti della *dipendenza* di tutti da un'unica legislazione comune (in quanto sudditi), e in terzo luogo secondo la legge dell'*eguaglianza* (in quanto cittadini): l'unica costituzione che derivi dall'idea del contratto originario, sul quale dev'essere fondata ogni legislazione del popolo secondo diritto, è la costituzione *repubblicana*", I. Kant, *Per la pace perpetua* [1795], in *Scritti di storia, politica e diritto*, a cura di F. Gonnelli, Laterza, Roma-Bari 1999, pp. 169-170.
[35] "Nel sostenere il concetto dei diritti dei gruppi stiamo giustificando la violazione dei diritti umani all'interno dei gruppi di minoranza in quanto espressione di concezioni culturali diverse dei diritti e della giustizia", E. Manea, *Women and Sharia Law*, cit., p. 17, tr. mia.
[36] H. Pena-Ruiz, *Che cosa è la laicità*, cit., p. 81.
[37] Disponibile al seguente link: https://bit.ly/2IFxNc1.
[38] Il pugnale, Kirpan, è uno dei cinque articoli di fede che indossano tutti i sikh come segno della propria fede.
[39] Corsivo mio. Il testo integrale della sentenza in italiano è disponibile qui: https://bit.ly/2tKf1Mc.
[40] W. Kymlicka, *Multicultural Citizenship*, cit., p. 168, tr. mia, corsivo mio.
[41] Ivi, p. 47, tr. mia.
[42] Ivi, pp. 96-97, tr. mia.
[43] M.C. Nussbaum, *La nuova intolleranza*, cit., p. 81.

[44] *Ibidem.*
[45] Ivi, pp. 93-94.
[46] Ivi, p. 108.
[47] O. Roy, *Islam alla sfida della laicità*, cit., p. 122.
[48] Ivi, p. 130.
[49] Ivi, p. 128.
[50] T. Modood, *Multiculturalism: A Civic Idea*, Polity Press, Cambridge 2013, p. 51, tr. mia.
[51] L'intervento del governo Tsipras è stato sollecitato dall'Unione europea su iniziativa di una donna che, alla morte del marito, non aveva diritto all'eredità sulla base della legge islamica alla quale era sottoposta e che per questo motivo si era rivolta alla Corte europea dei diritti umani, pretendendo di vedersi applicata la legge greca (cfr. H. Smith, *Greece's Muslim minority hails change to limit power of sharia law*, in "The Guardian", 11 gennaio 2018, https://bit.ly/2qREF2o).
[52] Le testimonianze originali si possono leggere sul sito dell'associazione al seguente link: https://bit.ly/2NexcBJ. Alcune sono state tradotte in "MicroMega", 8, 2016, pp. 35-68.
[53] *The Independent Review into the Application of Sharia Law in England and Wales,* Rapporto presentato al Parlamento inglese dal ministro dell'Interno nel febbraio 2018, disponibile qui: https://bit.ly/2K7jsqa. Il Rapporto è stato redatto da un panel di esperti guidati da Mona Siddiqui, professoressa di Studi islamici e interreligiosi presso l'Università di Edimburgo.
[54] In verità, c'è anche un tribunale islamico perfettamente legale nel Regno Unito. Si tratta del Muslim Arbitration Tribunal (Mat), che dovrebbe occuparsi solo di questioni commerciali e operare completamente nell'ambito del diritto inglese ma che, di fatto, pare si occupi anche talvolta di questioni di diritto di famiglia (*The Independent Review*, cit., p. 11).
[55] Ivi, p. 4.
[56] Ivi, p. 13.
[57] Si veda, per esempio, la presa di posizione di One Law for All: https://bit.ly/2tTBg1h.
[58] *The Independent Review*, cit., p. 21.
[59] S. Benhabib, *I diritti degli altri*, cit., p. 147.
[60] S. Benhabib, *Kulturelle Vielfalt*, cit., p. 53, tr. mia.
[61] J. Habermas, *Struggles for Recognition*, cit., p. 129, tr. mia.
[62] Che – è forse il caso di precisare – non implica necessariamente l'idea di uno Stato mondiale. Si tratta di una prospettiva etico-politica che impone di trattare gli individui come singoli destinatari di un eguale rispetto morale e di pari tutela giuridica, come soggetti morali autonomi, depositari di un intrinseco valore.
[63] S. Rodotà, *Il diritto di avere diritti*, cit., p. 10.
[64] S. Benhabib, *I diritti degli altri*, cit., p. 168.
[65] H. Arendt, *Le origini del totalitarismo* [1948], tr. it. di A. Guadagnin, Einaudi, Torino 2009, p. 417. Benhabib commenta: "Arendt sta proponendo un ideale 'civico', opposto a uno etnico, di comunità politica e di appartenenza", *I diritti degli altri*, cit., p. 47. Si veda anche la critica di Arendt al "nazionalismo di ispirazione tedesca": "Questo ri-

tiene che una nazione sia un corpo vivente immortale, il prodotto dello sviluppo naturale e inevitabile di caratteristiche intrinseche; definisce inoltre i popoli non in termini di organizzazioni politiche ma di organismi biologici superumani. In questa concezione, la storia europea viene scissa in più storie di altrettanti corpi organici senza rapporto tra loro e la grande idea francese della sovranità del popolo viene pervertita nelle rivendicazioni nazionalistiche di un'esistenza autarchica", H. Arendt, *Ripensare il sionismo* [1945], in *Ebraismo e modernità*, tr. it. di G. Bettini, Feltrinelli, Milano 1993, pp. 107-108. Cfr. anche Rodotà, per il quale il "diritto di avere diritti", lungi dall'essere espressione della "ragione occidentale", affonda le sue radici "nella condizione umana. Una condizione storica, però, non una natura alla quale attingere l'essenza dei diritti", S. Rodotà, *Il diritto di avere diritti*, cit., p. 5.

[66] J. Cesari, *L'islam francese*, cit., p. 153.

[67] S. Benhabib, *I diritti degli altri*, cit., p. 96.

[68] M.C. Nussbaum, *La nuova intolleranza*, cit., p. 33.

A mo' di conclusione: per un progetto di emancipazione universale

[1] Onu, *Report of the Special Rapporteur in the field of cultural rights*, cit., p. 8, corsivi miei.

[2] Cfr. S. Benhabib, *I diritti degli altri*, cit., p. 30.

[3] La definizione è di Mondher Kilani, che però casca anch'egli nella trappola che denuncia: cfr. M. Kilani, *Islam e modernità: alcune proposte di lettura*, in A. Rivera (a cura di), *L'inquietudine dell'islam*, cit., p. 63.

[4] Cfr. H. Tajfel, *Gruppi umani e categorie sociali*, cit. Assumere acriticamente quello stereotipo, peraltro, negherebbe l'agency degli "altri": "La linea di pensiero, spesso dominante a sinistra, che guarda al ruolo dell'Occidente nel corso degli eventi, può essa stessa mascherare una certa arroganza, attribuendo all'Occidente la responsabilità totale per quanto è avvenuto. Dal canto loro i pubblici musulmani fuggono dalle loro responsabilità vedendosi come soggetti dominati e vittimizzati", N. Göle, *L'Islam e l'Europa*, cit., p. 71.

[5] R. Salih, *Musulmane rivelate*, cit., p. 81.

[6] Ivi, p. 85.

[7] N. Göle, *L'Islam e l'Europa*, cit., p. 131.

[8] E. Manea, *Women and Sharia Law*, cit., p. 27. Il lavoro di Roland Burke citato è *Decolonization and the Evolution of International Human Rights*, University of Pennsylvania Press, Philadelphia 2010.

[9] Cfr. R. Salih, *Musulmane rivelate*, cit., p. 17.

[10] A. Jabbar, *La complessità negata*, in A. Rivera (a cura di), *L'inquietudine dell'islam*, cit., p. 137, corsivo mio.

[11] Si tratta di argomenti che il papa ha affrontato in diverse occasioni. Si veda, per esempio, sul sito "Vatican News": https://bit.ly/2lLD6Oj.

[12] Disponibile, sul sito di Radio Vaticana, al seguente link: https://bit.ly/2tKhIxi.

[13] *Ibidem.*

[14] U. Ali, *L'errore della sinistra*, cit., p. 150.

Bibliografia

AA.VV., *Davanti al tribunale di Allah*, testimonianze di donne che si rivolgono ai tribunali della *sharia* nel Regno Unito raccolte da One Law for All, tr. it. di V. Chiesa ed E. Piras, in "MicroMega", 8, 2016, pp. 35-68.

Abdel-Samad H., *Fascismo islamico* [2014], tr. it. di C. Ujka, Garzanti, Milano 2017.

Abdel-Samad H., *Integration. Ein Protokoll des Scheiterns* [Integrazione. Verbale di un fallimento], Droemer, München 2018.

Ahadi M., *L'islam politico e l'inadeguatezza della sinistra*, a cura di C. Sciuto, in "MicroMega", 8, 2016.

Ahmad R., *Frauen dürfen hier nicht träumen. Mein Ausbruch aus Saudi-Arabien, mein Weg in die Freiheit* [Le donne qui non hanno il diritto di sognare. La mia fuga dall'Arabia Saudita, la mia strada verso la libertà], btb Verlag, München 2018.

Ali U., *L'errore della sinistra di fronte all'estremismo islamico*, tr. it. di A. Tagliavini, in "MicroMega", 4, 2016, pp. 146-156.

Anderson B., *Comunità immaginate. Origini e fortuna dei nazionalismi* [1983], tr. it. di M. Vignale, a cura di M. d'Eramo, manifestolibri, Roma 2009.

Appadurai A., *Modernità in polvere* [1996], tr. it. di P. Vereni, Raffaello Cortina, Milano 2012.

Arendt H., *Ripensare il sionismo* [1945], in *Ebraismo e modernità*, tr. it. di G. Bettini, Feltrinelli, Milano 1993.

Arendt H., *Le origini del totalitarismo* [1948], tr. it. di A. Guadagnin, Einaudi, Torino 2009.

Arendt H., *Per un'etica della responsabilità. Lezioni di teoria poli-*

tica [1955], tr. it. di P. Toni e D. Gentili, a cura di M.T. Pansera, Mimesis, Milano 2017.
Arendt H., *Vita activa* [1958], tr. it. di S. Finzi, Bompiani, Milano 2016.
Arkoun M., *L'islam, fra tradizione e globalizzazione*, in A. Rivera (a cura di), *L'inquietudine dell'islam*, Dedalo, Bari 2002.
Ateş S., *Grosse Reise Ins Feuer. Die Geschichte einer deutschen Türkin* [Il grande viaggio verso il fuoco. Storia di una turco-tedesca], Rohwolt, Berlin 2003.
Ateş S., *Der Multikulti-Irrtum* [L'equivoco del multiculturalismo], Ullstein, Berlin 2007.
Auclert H., *Les femmes arabes en Algérie* [1900], Edition Harmattan, Paris 2010.
Bauman Z., *Modernità liquida* [2000], tr. it. di S. Minucci, Laterza, Roma-Bari 2006.
Bauman Z., *Intervista sull'identità*, tr. it. di F. Galimberti, a cura di B. Vecchi, Laterza, Roma-Bari 2003.
Beck U., *La società cosmopolita. Prospettive dell'epoca postnazionale*, tr. it. di C. Sandrelli, il Mulino, Bologna 2003.
Beck U., *Lo sguardo cosmopolita* [2004], tr. it. di C. Sandrelli, Carocci, Roma 2005.
Benhabib S., *Kulturelle Vielfalt und demokratische Gleichheit. Politische Partizipation im Zeitalter der Globaliesierung* [Varietà culturale e uguaglianza democratica. La partecipazione politica al tempo della globalizzazione], Fischer, Frankfurt am Main 1999.
Benhabib S., *I diritti degli altri. Stranieri, residenti, cittadini* [2004], tr. it. di S. De Petris, Raffaello Cortina, Milano 2006.
Benhabib S., *Another cosmopolitanism*, Oxford University Press, New York 2006.
Berloffa D., *Massacrare nel nome del Budda*, in "MicroMega", 8, 2016, pp. 127-137.
Caferri F., *Oltre il velo: le nuove italiane*, Mondadori, Milano 2013.
Campanini M., *L'islam, religione dell'Occidente*, Mimesis, Milano 2016.
Carré O., *L'islam laico* [1993], tr. it. di A. De Ritis, il Mulino, Bologna 1997.
Casanova J., *Oltre la secolarizzazione. Le religioni alla riconquista della sfera pubblica*, il Mulino, Bologna 2000.
Cesari J., *L'islam francese: una minoranza religiosa in costruzio-*

ne, in A. Rivera (a cura di), *L'inquietudine dell'islam*, Dedalo, Bari 2002.
Çileli S., *Wir sind eure Töchter, nicht eure Ehre* [Siamo le vostre figlie, non il vostro onore], Neuthor Verlag, Michelstadt/Odw 2002.
Condorcet J.-A., *Elogio dell'istruzione pubblica* [1791], tr. it. di G. Jacoviello, manifestolibri, Roma 2002.
Dalai Lama (in conversazione con F. Alt), *Il mio appello al mondo*, tr. it. di R. Merlini, Garzanti, Milano 2015.
d'Eramo M., *La ferocia e l'estasi. Fondamentalismi Usa*, in "MicroMega", 8, 2016, pp. 90-107.
d'Eramo M., *"P" come populismo*, in "MicroMega", 5, 2017, pp. 126-135.
Durkheim É., *L'educazione morale* [1902-1903], tr. it. di M.J. Cambieri Tosi, Utet, Torino 2008.
El Houssi L., Sorbera L. (a cura di), *Femminismi nel Mediterraneo*, in "Genesis", XII/1, 2013.
Ercolani P., *Contro le donne. Storia e critica del più antico pregiudizio*, Marsilio, Venezia 2016.
Filali-Ansary A., *Islam e laicità. Il punto di vista dei musulmani progressisti* [1996], tr. it. di A. Puglisi, a cura di L. Dechlich, Castelvecchi, Roma 2003.
Flores d'Arcais P., *Etica senza fede*, Einaudi, Torino 1992.
Flores d'Arcais P., *La guerra del Sacro*, Raffaello Cortina, Milano 2016.
Fraser N., Honneth A., *Redistribuzione o riconoscimento? Una controversia politico-filosofica* [2003], tr. it. di E. Morelli e M. Bocchiola, Meltemi, Roma 2007.
Galeano E., *Il libro degli abbracci* [1992], tr. it. di G. Ciabatti, Bompiani, Milano 2000.
Gauchet M., *Il disincanto del mondo. Una storia politica della religione* [1985], tr. it. di A. Comba, Einaudi, Torino 1992.
Gauchet M., *La religione nella democrazia* [1998], tr. it. di D. Frontini, Dedalo, Bari 2009.
Gauchet M., *Un mondo disincantato?* [2004], tr. it. di D. Frontini, Dedalo, Bari 2008.
Gauchet M., *Le cause del fondamentalismo islamico*, tr. it. di J. Mascat, in "MicroMega", 4, 2015, pp. 159-185.
Geertz C., *Interpretazione di culture* [1973], tr. it. di E. Bona, il Mulino, Bologna 1998.
Göle N., *L'Islam e l'Europa. Interpenetrazioni* [2005], tr. it. di A. Cossu, Armando, Roma 2013.

Gramsci A., *Quaderni del carcere* [1932-1935], ed. critica a cura di V. Gerratana, 4 voll., Einaudi, Torino 2007.
Guolo R., *Il partito di Dio. L'islam radicale contro l'Occidente*, Guerini e Associati, Milano 2004.
Guolo R., *L'islam è compatibile con la democrazia?* [2004], Laterza, Roma-Bari 2007.
Guolo R., *L'ultima utopia. Gli jihadisti d'Europa*, Guerini e Associati, Milano 2015.
Guolo R., *Sociologia dell'islam. Religione e politica*, Mondadori, Milano 2016.
Habermas J., *Struggles for Recognition in the Democratic Constitutional State*, in Ch. Taylor *et al.*, *Multiculturalism*, Princeton University Press, Princeton 1994.
Habermas J., *L'inclusione dell'altro* [1996], tr. it. di L. Ceppa, Feltrinelli, Milano 1998.
Habermas J., *Solidarietà fra estranei* [1996], tr. it. di L. Ceppa, Guerini e Associati, Milano 1997.
Harris S., Nawaz M., *L'islam e il futuro della tolleranza* [2015], tr. it. di P. Ferrarini, Nessun Dogma, Roma 2017.
Heinen J., Portet S., *Religion, Politics and Gender Equality in Poland*, UNRISD/HeinrichBöll-Stiftung, 2009.
Helie Lucas M., *Islam politico e multiculturalismo: come finisce la democrazia*, tr. it. di A. Tagliavini, in "MicroMega", 8, 2016, pp. 6-15.
Hirsi Ali A., *Non sottomessa. Contro la segregazione nella società islamica* [2002], tr. it. di A. Lamberti, Einaudi, Torino 2005.
Hirsi Ali A., *Infedele* [2006], tr. it. di I. Annoni e G. Giri, Rizzoli, Milano 2008.
Hirsi Ali A., *Eretica. Cambiare l'islam si può*, tr. it. di I. Annoni, Rizzoli, Milano 2015.
Huntington S., *Lo scontro delle civiltà e il nuovo ordine mondiale. Il futuro geopolitico del pianeta* [1996], tr. it. di S. Minucci, Garzanti, Milano 2000.
Jabbar A., *La complessità negata*, in A. Rivera (a cura di), *L'inquietudine dell'islam*, Dedalo, Bari 2002.
Kant I., *Risposta alla domanda: che cos'è l'Illuminismo?* [1784], in *Scritti di storia, politica e diritto,* a cura di F. Gonnelli, Laterza, Roma-Bari 1999.
Kant I., *Fondazione della metafisica dei costumi* [1785], a cura di F. Gonnelli, Laterza, Roma-Bari 1997.
Kant I., *Per la pace perpetua* [1795], in *Scritti di storia, politica e diritto*, a cura di F. Gonnelli, Laterza, Roma-Bari 1999.

Kant I., *Primi principi metafisici della dottrina del diritto* [1797], a cura di F. Gonnelli, Laterza, Roma-Bari 2005.

Karami L., Scarcia Amoretti B. (a cura di), *Il protagonismo delle donne in terra d'islam, appunti per una lettura storico-politica*, Ediesse, Roma 2015.

Kelek N., *Die Fremde Braut. Ein Bericht aus dem Inneren des türkischen Lebens in Deutschland* [La sposa straniera. Cronaca dall'interno della vita turca in Germania], Goldmann, München 2005.

Kelek N., *Die verlorenen Söhne. Plädoyer für die Befreiung des türkisch-muslimischen Mannes* [I figli perduti. Arringa per la liberazione dell'uomo turco-musulmano], Kiepenheuer & Wittsch, Köln 2006.

Kelsen H., *Lineamenti di dottrina pura del diritto* [1934], tr. it. di R. Treves, Einaudi, Torino 1952.

Kelsen H., *La dottrina pura del diritto* [1960], tr. it. di M.G. Losano, Einaudi, Torino 1966.

Kepel G., *La rivincita di Dio*, tr. it. di C. Torre, Rizzoli, Milano 1991.

Kepel G., *Jihad. Ascesa e declino. Storia del fondamentalismo islamico* [2000], tr. it. di R. Landucci e S. Liberti, Carocci, Roma 2004.

Khosrokhavar F., *L'islam dei giovani in Francia*, in A. Rivera (a cura di), *L'inquietudine dell'islam*, Dedalo, Bari 2002.

Kilani M., *Islam e modernità: alcune proposte di lettura*, in A. Rivera (a cura di), *L'inquietudine dell'islam*, Dedalo, Bari 2002.

Kováts E., Põim M. (a cura di), *Gender as symbolic glue. The position and role of conservative and far right parties in the anti-gender mobilizations in Europe*, FEPSFEPS – Foundation for European Progressive Studies, Budapest 2015.

Kymlicka W., *Two models of pluralism*, in "Analyse und Kritik", 14/1, 1992, pp. 33-56.

Kymlicka W., *Reply to Modood*, in "Analyse und Kritik", 15/1, 1993, pp. 92-96.

Kymlicka W., *La cittadinanza multiculturale* [1995], tr. it. di G. Gasperoni, il Mulino, Bologna 1999.

La Boétie É. de, *Discorso sulla servitù volontaria* [1576], tr. it. di F. Ciaramelli, Chiarelettere, Milano 2011.

Langer A., *Tentativo di decalogo per la convivenza interetnica*, in "Arcobaleno TN", 1/11/1994 (disponibile qui: http://www.alexanderlanger.org/it/32/104).

Locke J., *Lettere sulla tolleranza* [1685], a cura di C.A. Viano, Laterza, Roma-Bari 1994.
Locke J., *Saggio sull'intelligenza umana* [1690], libro II, cap. XXVII "Dell'identità e della diversità", tr. it. di C. Pellizzi, Laterza, Roma-Bari 2017.
Maalouf A., *L'identità* [1998], tr. it. di F. Ascari, Bompiani, Milano 2000.
Maani S., *Respektverweigerung. Warum wir fremde Kulturen nicht respektieren sollten. Und die eigene auch nicht* [Rifiutare il rispetto. Perché non abbiamo il dovere di rispettare le altre culture. E neanche la nostra], Drava Verlag, Klagenfurt-Wien 2015.
MacKinnon C.A., *Le donne sono umane?*, tr. it. di P. Campeggiani e F. Pasquali, Laterza, Roma-Bari 2012.
Malik K., *Il multiculturalismo e i suoi critici. Ripensare la diversità dopo l'11 settembre* [2013], tr. it. di V. Salvatore, Nessun Dogma, Roma 2016.
Manea E., *Women and Sharia Law*, J.B. Taurus, London-New York 2016.
Manji I., *Quando abbiamo smesso di pensare. Un'islamica di fronte ai problemi dell'islam* [2003], tr. it. di A. Giusti, Guanda, Milano 2004.
Massari M., *Musulmane e moderne. Spunti di riflessione su donne, islam e costruzioni sociali della modernità*, in "Rassegna Italiana di Sociologia", 2014.
Mernissi F., *Islam und Demokratie. Die Angst vor der Moderne* [Islam e democrazia. La paura della modernità, 1992], Herder, Freiburg im Breisgau 2002.
Mernissi F., *Le donne del profeta. La condizione femminile nell'Islam*, ECIG-Edizioni culturali internazionali, Genova 1999.
Modood T., *Kymlicka on British muslims*, in "Analyse und Kritik", 15/1, 1993, pp. 87-91.
Modood T., *Kymlicka on British muslims: A Rejoinder*, in "Analyse und Kritik", 15/1, 1993, pp. 97-99.
Modood T., *Multiculturalism: A Civic Idea*, Polity Press, Cambridge 2013.
Muzzarelli M.G., *A capo coperto*, il Mulino, Bologna 2016.
Namazie M., Ramadan T., *La libertà di espressione e il ricatto dell'islamofobia*, tr. it. di V. Chiesa, in "MicroMega", 5, 2016, pp. 15-40.
Namazie M., *La sharia nel Regno Unito*, tr. it. di A. Tagliavini, in "MicroMega", 8, 2016, pp. 26-34.

Nussbaum M.C., *Coltivare l'umanità. I classici, il multiculturalismo, l'educazione contemporanea*, tr. it. di G. Zanetti, Carocci, Roma 1997.
Nussbaum M.C., *Libertà di coscienza e religione* [2007], tr. it. di F. Lelli, il Mulino, Bologna 2009.
Nussbaum M.C., *La nuova intolleranza. Superare la paura dell'islam e vivere in una società più libera*, tr. it. di S. De Petris, il Saggiatore, Milano 2012.
Onu, *Report of the Special Rapporteur in the field of cultural rights*, A/HRC/34/56, 16 gennaio 2017.
Patsy l'Amour laLove (a cura di), *Beissreflexe. Kritik an queerem Aktivismus, autoritären Sehnsüchten, Sprechverboten* [Mordere per riflesso. Critica all'attivismo queer, alle tentazioni autoritarie e alle censure], Querverlag, Berlin 2017.
Pena-Ruiz H., *Dio e la Repubblica. Filosofia della laicità* [1999], tr. it. di C. Basso, Effepi Libri, Monte Porzio Catone 2008.
Pena-Ruiz H., *Che cosa è la laicità. Minoranze e comunità nello Stato democratico* [2003], tr. it. di A. Rosselli e C. Marco, Marco editore, Lungro di Cosenza 2006.
Picariello E., *Geova non vuole che mi sposi*, Editori Riuniti, Roma 2011.
Popper K.R., *Miseria dello storicismo* [1943], tr. it. di C. Montaleone, Feltrinelli, Milano 2013.
Popper K.R., *La società aperta e i suoi nemici* [1945], tr. it. di R. Pavetto, a cura di D. Antiseri, Armando, Roma 2003.
Provera E., *Dentro l'Opus Dei. Come funziona la milizia di Dio*, Chiarelettere, Milano 2009.
Ramadan T., *Islam e libertà*, tr. it. di C. testi, Einaudi, Torino 2008.
Rawls J., *Il diritto dei popoli* [1999], tr. it. di G. Ferranti e P. Palminiello, a cura di S. Maffettone, Edizioni di Comunità, Torino 2001.
Remotti F., *L'ossessione identitaria*, Laterza, Roma-Bari 2017.
Rivera A., *Islam e Occidente: un tragico gioco di specchi*, in A. Rivera (a cura di), *L'inquietudine dell'islam*, Dedalo, Bari 2002.
Rodotà S., *La vita e le regole. Tra diritto e non diritto*, Feltrinelli, Milano 2009.
Rodotà S., *Perché laico*, Laterza, Roma-Bari 2009.
Rodotà S., *Il diritto di avere diritti*, Laterza, Roma-Bari 2015.
Rodotà S., *Vivere la democrazia*, Laterza, Roma-Bari 2018.
Rossi E., Spinelli A., *Per un'Europa libera e unita. Progetto d'un*

manifesto [1941], Fondazione Giangiacomo Feltrinelli, edizione digitale 2017.
Roy O., *Islam alla sfida della laicità. Dalla Francia una guida magistrale contro le isterie xenofobe* [2005], tr. it. di S. Mazzoni, Marsilio, Venezia 2008.
Roy O., *La santa ignoranza* [2008], tr. it. di M. Guareschi, Feltrinelli, Milano 2017.
Rubboli M., *Roger Williams: il puritano precursore della laicità radicale*, in "MicroMega", 3, 2017, pp. 162-172.
Rusconi G.E., *Non abusare di Dio. Per un'etica laica*, Rizzoli, Milano 2007.
Said E., *Orientalismo* [1978], tr. it. di S. Galli, Feltrinelli, Milano 2013.
Salih R., *Musulmane rivelate*, Carocci, Roma 2008.
Sansal B., *Nel nome di Allah. Origine e storia del totalitarismo islamista* [2013], tr. it. di M. Botto, Neri Pozza, Vicenza 2018.
Sciuto C., *La Terra è rotonda. Kant, Kelsen e la prospettiva cosmopolitica*, Mimesis, Milano 2015.
Sciuto C., *Manifesto per un femminismo laico e illuminista*, in "MicroMega", 3, 2016, pp. 107-118.
Sen A., *Lo sviluppo è libertà. Perché non c'è crescita senza democrazia* [1999], tr. it. di G. Rigamonti, Mondadori, Milano 2001.
Sen A., *Identità e violenza* [2006], tr. it. di F. Galimberti, Laterza, Roma-Bari 2008.
Sen A., *The Uses and Abuses of Multiculturalism*, in "The New Republic", 27 febbraio 2006.
Sen A., *L'idea di giustizia* [2010], tr. it. di L. Vanni, Mondadori, Milano 2014.
Spadaro A., Figueroa M., *Fondamentalismo evangelicale e integralismo cattolico. Un sorprendente ecumenismo*, in "La Civiltà cattolica", vol. 3, quad. 4010, pp. 105-113, 2017, https://goo.gl/1yWEoB.
Stasi D., *La Polonia di Radio Maryja*, in "MicroMega", 8, 2016, pp. 108-118.
Tajfel H., *Gruppi umani e categorie sociali* [1981], tr. it. di C. Caprioli, il Mulino, Bologna 1999.
Taylor Ch., *Il disagio della modernità* [1991], tr. it. di G. Ferrara degli Uberti, Laterza, Roma-Bari 1994.
Taylor Ch. *et al.*, *Multiculturalism*, Princeton University Press, Princeton 1994.

Valdameri E., *La tentazione dell'Hindutva. Estremismo indù e intolleranza in India*, in "MicroMega", 8, 2016, pp. 119-126.
Vanzan A., *Le donne di Allah. Viaggio nei femminismi islamici*, Bruno Mondadori, Milano 2013.
Viano C.A., *Laici in ginocchio*, Laterza, Roma-Bari 2006.
Whitaker B., *Fondamentalisti di tutto il mondo unitevi! (Crociati cristiani col denaro del Qatar musulmano)*, tr. it. di N. Stabilini, in "MicroMega", 8, 2016, pp. 146-162.
Ypi L., *Stato e avanguardie cosmopolitiche*, tr. it. di E. Piras, Laterza, Roma-Bari 2012.
Zanaz H., *Sfida laica all'islam. La religione contro la vita* [2009], Eleuthera, Milano 2013.

Ringraziamenti

Un libro è sempre in un qualche senso un'opera "collettiva" e non sarebbe possibile citare le molte persone che, in modo più o meno consapevole e diretto, hanno dato il loro contributo alla stesura di questo. Voglio però ringraziare in particolare: i miei genitori per esserci, sempre; mia sorella Serena, che è costantemente un passo avanti a indicarmi la via; Paolo Flores d'Arcais, che ha sostenuto fin dall'inizio questo progetto incoraggiandomi a condurlo in porto; Ingrid Colanicchia, che ha sopportato con pazienza i miei sfoghi e mi ha aiutato a ritrovare lucidità nei molti momenti in cui stavo per perderla; infine, e soprattutto, mio marito Davide, senza il quale non avrei fatto molte delle cose che ho fatto in vita mia, incluso questo libro.

Indice dei nomi

Indice